Aprende

SQL

en un fin de semana

por **Antonio Padial Solier**

Edición impresa: febrero de 2017

©Antonio Padial Solier, 2017
www.linkedin.com/in/antonio-padial-solier
Todos los derechos reservados.

Diseño y maquetación: ©graph*iria*
www.graphiria.com

Índice de contenidos

Preámbulo

¿A quién va dirigido este curso?

Una de las primeras decisiones que hay que tomar antes de elaborar un curso como éste es precisamente dar respuesta a esta pregunta ¿a quién va dirigido? ¿a quién va a ser más útil?

En el caso de la serie *Aprende en un fin de semana,* la respuesta es clara: a cualquier persona que sepa utilizar mínimamente un ordenador.

Este manual no te convertirá en un experto en la materia. No pretendo engañar a nadie, uno no se convierte en un maestro de la noche a la mañana, pero sí que te garantizo que al finalizar este libro te desenvolverás con soltura a la hora de utilizar SQL en las situaciones más habituales.

¿Estás desarrollando una web y quieres utilizar MySQL para almacenar información? ¿estás estudiando y se te atraganta la asignatura de base de datos? ¿quieres aprender SQL para mejorar tu currículum o dar un giro a tu vida laboral? o ¿simplemente tienes curiosidad por conocer este lenguaje y sus posibilidades? A todos vosotros bienvenidos, habéis dado con el libro adecuado.

¿Cuál es el objetivo?

La clave para dominar cualquier lenguaje o programa informático es contar con una buena base. De nada sirve invertir horas y horas estudiando y poniendo en práctica nuestros conocimientos si no dominamos los aspectos fundamentales del mismo.

El objetivo de este libro es precisamente éste, ayudarte a tener una base lo suficientemente sólida y amplia para que, aparte de poder utilizar SQL para resolver los problemas más comunes, te sientas capaz de seguir aprendiendo de forma totalmente autodidacta.

El objetivo es que cuando acabes *Aprende SQL en un fin de semana* sólo dependas de ti mismo para resolver problemas complejos o para aprender los aspectos más avanzados del lenguaje.

¿Cómo utilizarlo?

Todos los libros de la serie *Aprende en un fin de semana* comparten una serie de características.

En primer lugar son libros eminentemente prácticos. La teoría es importante, pero en informática la forma más rápida de aprender es practicar.

Es por esto que es indispensable que dispongas de un ordenador y dediques el tiempo necesario a configurar un entorno adecuado para realizar pruebas (no te preocupes, es una de las primeras cosas que aprenderás en el curso).

En segundo lugar, el curso contiene multitud de ejemplos y ejercicios con los que practicar lo que vas aprendiendo.

Es muy importante que los completes todos y los entiendas, pero también es conveniente que experimentes, que intentes resolver los problemas a tu manera. Lo normal es que haya varias soluciones para un mismo problema, te invito a buscarlas.

Y en tercer lugar el lema *"aprende en un fin de semana"* no es sólo un título, es la filosofía del curso. Dado que el tiempo es oro, se evita cualquier contenido accesorio para centrarnos en los aspectos fundamentales del lenguaje SQL.

El curso se divide en tres bloques que deben ser leídos por completo y en estricto orden:

- Una primera unidad introductoria en la que se realiza la primera toma de contacto y se configura un entorno adecuado para realizar prácticas y ejercicios.

- Una segunda donde, siguiendo la *regla del 80-20,* se desarrollan los conceptos más importantes, aquellos que se utilizan en la mayoría de los casos y que por lo tanto nos permitirán solucionar la mayoría de los problemas a los que nos enfrentemos.

- Y finalmente una tercera unidad donde aprenderás funciones más avanzadas y desarrollarás un pequeño proyecto en el que poner en práctica todo lo que has aprendido.

¿Qué es la *"regla del 80-20"*?

Para entender la *regla del 80-20* o principio de Pareto piensa en la caja de herramientas que tienes en casa.

¿Cuántos destornilladores, tornillos, alicates, etc. contiene? Seguro que muchos, pero piensa ahora ¿cuántos sueles utilizar? Lo normal es que en la mayoría de los casos (80%) sólo necesites un destornillador de estrella, el martillo y quizás unos alicates. (el 20% de las herramientas).

Un lenguaje de programación no es más que un conjunto de herramientas que permiten dar instrucciones a un ordenador. En este sentido, el principio de Pareto establece que el 80% de los problemas pueden resolverse con el 20% de ellas.

Evidentemente este principio ni es exacto ni se cumple en todos los casos pero a grandes rasgos es un principio válido.

Por muy versátil y complicado que sea un lenguaje de programación, siempre se cumple que ciertos elementos del mismo son imprescindibles en la mayoría de los casos (el 20%) mientras que muchos otros sólo se utilizan en situaciones muy concretas (el 80% restante).

El objetivo del curso es dominar ese 20%, conocer lo más importante del 80% y tener la base suficiente para aprender el resto de forma totalmente autodidacta.

¿Sólo aprenderé SQL?

No. Aunque el curso se centra en lo más importante, también es cierto que para dominarlo y sobre todo para comprender qué puedes hacer con él, es conveniente aprender a grandes rasgos qué es una base de datos, qué elementos la componen, etc.

Es por esto que a lo largo del curso encontrarás apartados dedicados a éstos y otros aspectos ajenos al propio SQL.

Día 1

Bienvenido a tu primer día de aprendizaje. La jornada de hoy es fundamental para el éxito del curso ya que aparte de estudiar los conceptos teóricos básicos, configurarás tu entorno de trabajo, algo imprescindible ya que sin él no podrás afrontar el resto de jornadas.

Capítulo 1.1
Introducción

En este capítulo:

> *1. Aprenderás qué es una base de datos y cuál es el papel de SQL a la hora de utilizarla.*

¿Qué es una base de datos?

Una base de datos no es más que un software, esto es, un programa como puede ser un sistema operativo o un antivirus, cuyo principal objetivo es almacenar información.

Piensa en ella como si fuera un armario con multitud de baldas donde guardar la ropa o en un archivador donde almacenar nuestras notas.

Por ejemplo, cuando entramos en nuestro muro de Facebook, escribimos algo y lo enviamos, tanto el texto como las fotos y vídeos que hayamos adjuntado tienen que guardarse en algún sitio para que puedan verse cada vez que nosotros o nuestros contactos accedan a nuestro perfil.

Pues bien, ese sitio es la base de datos y dado que no es una persona capaz de comprender un lenguaje natural sino un software, necesitamos un mecanismo para indicarle qué información guardar o qué queremos recuperar. Ese mecanismo es precisamente el lenguaje SQL.

¿Qué es el lenguaje SQL?

Como cualquier otro lenguaje informático, SQL *(Structured Query Languaje)* no es más que un conjunto de palabras y una serie de reglas diseñadas única y exclusivamente para comunicarnos con una base de datos.

Al igual que existen varios sistemas operativos (Windows, OSX, Linux) y navegadores (Chrome, Firefox, Internet Explorer) existen multitud de gestores de bases de datos como MySQL, Oracle, SQLite, Teradata o SQL Server, cada uno de ellos con características particulares pero con al menos una en común: el uso de SQL como herramienta de comunicación.

¿Qué podemos hacer con él?

Básicamente podemos dar tres tipos de instrucciones a las bases de datos:

- Crear y modificar la estructura de la misma. Como veremos en capítulos posteriores, antes de almacenar información debemos crear una estructura donde guardarla. Pues bien, podremos hacerlo con el propio lenguaje SQL.

- Guardar, modificar y borrar datos.

- Y finalmente la más utilizada: podremos buscar y recuperar lo que hemos almacenado mediante diferentes criterios de búsqueda..

Capítulo 1.2
¿Qué es una base de datos relacional?

En este capítulo:

> *1. Aprenderás los elementos fundamentales del modelo relacional: tablas, columnas, registros, relaciones y restricciones.*

Un poco de teoría

Evidentemente una base de datos no es ni un armario con baldas ni un archivador. Su utilidad es la misma: guardar algo de una forma más o menos ordenada de manera que nos sea fácil volver a sacarlo, pero en vez de para almacenar objetos, una base de datos está diseñada para manejar información, o lo que es lo mismo: textos (un nombre, un e-mail, una dirección), fechas (de nacimiento, de registro en una web) y números principalmente.

En este capítulo hemos añadido la coletilla "relacional" y es un matiz importante ya que si bien la mayoría son relacionales y en este curso nos centraremos en ellas, existen muchos otros tipos de bases de datos: documentales, multivalor, de tipo clave-valor, etc.

El modelo relacional fue formulado en los años 70 por Edgar Frank Codd y simplificando mucho establece que una base de datos está formada por los siguientes elementos:

- **TABLAS:** ampliemos nuestra abstracción y pensemos que una base de datos es una habitación llena de armarios. Pues bien, cada uno de éstos es una tabla.

  Esto implica que toda la información está almacenada en ellas y por lo tanto son el elemento fundamental de una base de datos.

- **CAMPOS O COLUMNAS:** no todos los armarios (tablas) tienen por qué ser iguales: unos tendrán más baldas, otros menos pero más grandes, etc. en función de los artículos que se vayan a guardar.

  En una base de datos estas baldas son las columnas de las tablas. Cuando se crea una, aparte de darle nombre, es imprescindible indicar qué columnas la forman

- **REGISTROS:** simplificando mucho también, un registro es el objeto que guardamos en un armario en concreto.

  Para poder almacenarlo debe encajar en alguna de las baldas. Es decir, nunca podremos guardar una televisión en la balda del azúcar ni a la inversa.

Por lo tanto los registros son las filas, cada una de ellas compuesta de una o varias columnas con números, textos, etc. que almacenaremos en la base de datos para recuperarlos después.

● **RELACIONES**: son el concepto más complejo de entender y dado que son difíciles de extrapolar al mundo real, lo más sencillo es que lo veamos con un ejemplo del modelo relacional.

Pensemos en una base de datos donde queremos almacenar la lista de vehículos de los que dispone una empresa de renting. Supongamos que por cada uno de ellos queremos conocer la matrícula, marca, el modelo, la cilindrada, el consumo mixto y los kilómetros recorridos.

Obviamente lo más sencillo es guardarlo todo en una tabla con el siguiente aspecto:

Tabla 1: VEHÍCULOS.

MATRÍCULA	MARCA	MODELO	CILINDRADA	CONSUMO	KM
1898 HYT	SEAT	IBIZA 1.4 TDI	1.4	4 l/100 km	23.000
7698 NKK	TOYOTA	VERSO 2.0	2.0	5 l/100 km	12.000
3690 VGB	SEAT	IBIZA 1.4 TDI	1.4	4 l/100 km	125.000
6734 KLM	CITROËN	DS5 2.2	2.2	5 l/100 km	34.000
8965 NMH	TOYOTA	VERSO 2.0	2.0	5 l/100 km	180.000

Como puedes comprobar ciertos datos de un mismo modelo se repiten, como por ejemplo pasa con la cilindrada y el consumo del SEAT IBIZA 1.4 TDI o del TOYOTA VERSO 2.0.

El modelo relacional nos permite evitar esta duplicidad de información mediante el uso de relaciones. En este caso lo ideal sería separar los datos concretos de los vehículos (matrícula, modelo y km) de los propios de los modelos (marca, cilindrada y consumo).

Es decir, por un lado tendríamos la siguiente tabla de vehículos, y por otro una donde se almacenarán los datos proporcionados por el propio fabricante *(ver tablas 2 y 3 en página siguiente)*.

Las dos tablas estarían relacionadas por la columna "**MODELO**" de manera que si queremos conocer las características generales de un vehículo, nos bastaría con acudir a la tabla de modelos de coches.

Para comprender la utilidad de esta separación piensa en una empresa de *renting* que tuviera 1.000 vehículos en su flota. Si la información no está separada, cada vez que diesen de alta un nuevo vehículo tendrían que acordarse de las características generales.

Segregando la información el proceso de almacenar los modelos es mucho más sencillo ya que no sería necesario conocer ni la cilindrada, ni el consumo, ni la marca.

● **RESTRICCIONES**: piensa en una restricción (CONSTRAINT, en inglés) como en una norma que nos obliga o nos prohíbe hacer algo a la hora de guardar datos. Las hay de varios tipos y son fundamentales para poder almacenar y recuperar información de nuestra base de datos.

Tabla 2: VEHÍCULOS.

MATRÍCULA	MODELO	KM
1898 HYT	IBIZA 1.4 TDI	23.000
7698 NKK	VERSO 2.0	12.000
3690 VGB	IBIZA 1.4 TDI	125.000
6734 KLM	DS5 2.2	34.000
8965 NMH	VERSO 2.0	180.000

Tabla 3: MODELOS.

MODELO	MARCA	CILINDRADA	CONSUMO
IBIZA 1.4 TDI	SEAT	1.4	4 l/100 km
VERSO 2.0	TOYOTA	2.0	5 l/100 km
IBIZA 1.4 TDI	SEAT	1.4	4 l/100 km
DS5 2.2	CITROËN	2.2	5 l/100 km
VERSO 2.0	TOYOTA	2.0	5 l/100 km

La más importante y la única con la que trabajaremos a lo largo del curso es la denominada "Clave Primaria" (PRIMARY KEY, o simplemente PK). Piensa en esta clave como en el nombre único de cada uno de los registros.

Volviendo al ejemplo de los vehículos (ver tabla 2, arriba): ¿cuál es la columna con la que podemos identificar de forma unívoca a cada uno de los coches de la empresa? Efectivamente: la matrícula. Es única para cada coche y no varía, siendo éstas dos de las tres características principales de una clave primaria.

La tercera es que no puede repetirse dentro de la misma tabla, es decir, no pueden existir dos filas con la misma clave primaria ya que de lo contrario no tendríamos forma de identificar cada uno de los registros.

Resumiendo

Has aprendido que a grandes rasgos una base de datos relacional no es más que un conjunto de tablas que se relacionan entre sí.

Cada una de las tablas están formadas por una o varias columnas y son el lugar donde se almacenan los datos, esto es, números, fechas, textos, imágenes, etc.

Finalmente has aprendido que podemos establecer restricciones (CONSTRAINTS) para controlar la información que guardamos.

Capítulo 1.3
Preparar el entorno

En este capítulo:

> *1. Configurarás todo lo necesario para utilizar SQLite en el resto del curso.*

¿Por qué SQLite?

Ahora que ya sabes qué es una base de datos y para qué se utiliza SQL, estás listo para configurar tu entorno de pruebas.

A lo largo de todo el curso utilizaremos SQLite por los siguientes motivos:

- No necesita instalación. Como hemos dicho al principio el tiempo es oro, por lo que no queremos que lo pierdas intentando resolver problemas de configuración.

- Es inmensamente popular. Según db-engines, (*http://db-engines.com/en/ranking*) en Octubre de 2015 SQLite era la novena base de datos más popular del mundo.

- Es multiplataforma por lo que podrás utilizarla tanto si tu sistema operativo es Windows como OSX o Linux.

- Y finalmente, es completamente gratuito.

Descargar el software

No queremos que llenes tu ordenador de software que pueda llegar a resultar molesto, por lo que todas las aplicaciones que utilizaremos son gratuitas, no contienen publicidad y por lo general cuentan con versión "portable", es decir, pueden utilizarse desde el disco duro o un USB sin necesidad de instalar nada en tu equipo.

Esto garantiza que si al finalizar el curso quieres dejar tu ordenador limpio bastará con eliminar los archivos.

En el curso vamos a utilizar el programa **DB BROWSER FOR SQLITE**, que es gratuito, ligero, multiplataforma y muy fácil de utilizar. Este software es una interfaz gráfica (GUI: Graphic User Interface) desarrollada para gestionar y consultar bases de datos SQLite.

Navega a *http://sqlitebrowser.org/* y descarga la versión que necesites:

- Windows: la etiquetada como PortableApps.

- Mac: la etiquetada como .dmg.

- Linux: .tar.gz.

Una vez descargada, ejecútala y ya estarás listo para continuar con el resto de capítulos.

Un momento, ¿por qué necesitamos un programa para utilizar SQLite?

SQLite es un motor de base de datos y como tal su papel es el de guardar la información y realizar las operaciones que le enviemos en lenguaje SQL.

Para enviarle estas operaciones debemos utilizar un gestor de base de datos que no es más que un programa capaz de comunicarse con una o varias bases de datos. **DB BROWSER FOR SQLITE** sólo puede hacerlo con SQLite pero existen otros como Toad o DBeaver que pueden funcionar con otros motores como MySQL, Oracle, DB2…

Capítulo 1.4
¿Qué puedo guardar en una base de datos?

En este capítulo:

1. Aprenderás los principales tipos de datos que pueden utilizarse en SQL.

2. Comprenderás por qué es importante elegir el más adecuado para cada situación.

¿Por qué son necesarios?

Tal y como hemos comentado en el capítulo anterior, la información de la base de datos reside en tablas y cada una de ellas está definida por un conjunto de columnas. Pues bien, cada columna puede almacenar un único tipo de dato, por lo que elegir los correctos es imprescindible para que nuestra base de datos sirva para nuestro propósito ya sea guardar los vehículos de una empresa de renting, la información de un blog o las fotos de nuestros clientes.

Cuando decimos que una columna puede almacenar un único tipo implica que si por ejemplo sólo puede almacenar números, jamás podríamos guardar en ella un texto o una imagen.

¿Y por qué restringir lo que podemos guardar en una columna? es decir ¿por qué no permitir cualquier cosa? Pues simple y llanamente porque de no hacerlo las bases de datos serían inmanejables.

Esto no implica que no existan productos que lo permitan. Existen porque son necesarios en ciertos escenarios, pero son productos que se salen de los límites marcados por el modelo relacional de Cobb.

Los tipos de datos también son importantes porque facilitan realizar operaciones complejas con los registros de la base de datos. Es muy sencillo construir una consulta SQL que sume todos los kilómetros de nuestra flota de vehículos, pero para hacerlo es necesario que esta columna sea numérica ya que es imposible sumar el número 100.000 con, por ejemplo, el texto "el coche tiene 45.000 kilómetros"

Tipos de datos de SQL

Los más importantes con los que trabajaremos a lo largo del curso son:

- ● **TEXTO:** el más común. Se utiliza para almacenar cualquier texto como un nombre, un DNI o un comentario en un blog.

- **NÚMEROS:** con o sin decimales. La diferencia es importante ya que para un ordenador es mucho más costoso trabajar con los segundos.

- **FECHAS:** es un tipo de dato especial que aparte de almacenar la fecha en sí, nos permite manipularla sumando o restando minutos, horas, días...

Si quieres profundizar más en el tema, en este enlace de la Wikipedia encontrarás la lista de tipos de SQL (*https://en.wikipedia.org/wiki/SQL#Data_types*), en éste de w3schools están los de las bases de datos más populares (*http://www.w3schools. com/sql/sql_datatypes.asp*) y en este otro los que admite SQLite (*https://www.sqlite. org/datatype3.html*).

Un momento, ¿hay diferentes conjuntos de tipos de datos?

A los informáticos no nos gustan las cosas sencillas por lo que sí, una base de datos puede admitir tipos de datos propios.

SQL es un lenguaje estándar y por lo tanto define la teoría, luego son los productos como SQLite, MySQL u Oracle los que deciden cómo implementarlo.

A grandes rasgos todas las bases de datos comparten el 80% del lenguaje SQL, pero siempre existen características particulares y una de éstas pueden ser tipos de datos propios o lo que es más común, nombres diferentes para algunos de ellos.

Por ejemplo, todas admiten números enteros aunque algunas los llaman INTEGER otras simplemente INT y existen variantes como BIGINT o SMALLINT. También es normal encontrar el tipo texto (TEXT) y otros derivados como CLOB, uno especial que admite hasta 4 GB de información en una única columna.

Esto implica que cuando empieces a trabajar con algún producto que no sea SQLite, una de las primeras cosas que tendrás que revisar son los datos que admite.

SQLite

Los cuatro tipos con los que trabajaremos a lo largo del curso son:

- **INTEGER:** Permite almacenar un número entero positivo o negativo.

- **TEXT:** Para almacenar texto.

- **REAL:** Números positivos o negativos con decimales.

- **DATETIME:** Fechas.

Otra de las características particulares de SQLite es que no permite limitar el tamaño de un campo. En otras bases de datos como Oracle o MySQL al definir un campo numérico o de texto especificamos también su tamaño máximo. Es decir, cuando decimos que una columna guardará códigos postales españoles, podemos limitarla a 5 caracteres que es lo máximo que pueden tener.

Es un mecanismo importante para controlar que la información guardada es correcta y para facilitar el trabajo de la base de datos a la hora de almacenar y recuperar la información, pero no es imprescindible para cumplir nuestro objetivo que no es otro que aprender a utilizar SQL.

En todo caso y aunque no haga caso a la restricción, SQLite nos permite indicar el tamaño máximo al crear nuestras columnas por lo que así lo haremos a lo largo del curso.

Capítulo 1.5

Tu primera base de datos

En este capítulo:

> *1. Aprenderás los fundamentos del programa **DB BROWSER FOR SQLITE**.*
>
> *2. Crearás tu primera base de datos.*

Crear una base de datos

Muy bien, ya sabes qué es una base de datos y qué podemos almacenar en ella además de qué es y para qué sirve SQL, así que sólo queda abrir **DB BROWSER FOR SQLITE** y crear una.

Ejecuta el programa y selecciona el menú File > New Database. Aparecerá un navegador para que le des un nombre y selecciones donde quieres guardarla (en SQLite la base de datos se guarda en un único archivo). Por mi parte he elegido "**MITIENDA**". Asigna la extensión *.sqlite3* ya que te simplificará el trabajo a la hora de abrirla de nuevo.

A continuación aparecerá un asistente con el título "Edit table definicion" que nos permite crear tablas con el editor visual. Haz click en "Cancel", ya que la idea es que hagamos todo con SQL directamente.

Y finalmente aparecerá la interfaz completa del programa con la base de datos **MITIENDA** abierta. Sí, ¡ya has creado tu primera base de datos *(ver imagen 1 en página siguiente)*.

Las opciones que más utilizaremos a lo largo del curso son:

- **Barra de herramientas:** aparte de para crear y abrir una base de datos, la utilizaremos para guardar los cambios que hagamos sobre ellas ("Write Changes").

- En la pestaña "Database Structure" de la sección principal podremos ver un resumen de los objetos de nuestra base de datos: algunos conocidos como las tablas y otros que aprenderás a lo largo del curso como índices y vistas.

- La pestaña "Browse Data" nos permitirá ver de un vistazo el contenido de una tabla o una vista.

- "Execute SQL" es la pestaña que más utilizaremos ya que en ella es donde escribiremos y ejecutaremos nuestras consultas SQL.

- También te será útil la pestaña "SQL Log" de la sección derecha ya que podrás ver las sentencias que se van ejecutando contra la base de datos (tanto nosotros mismos como el programa **DB BROWSER FOR SQLITE**).

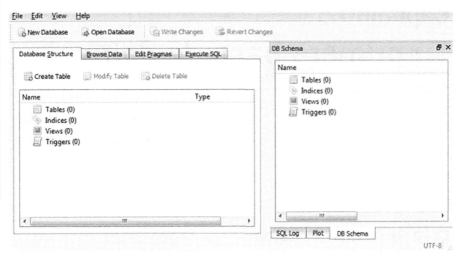

Imagen 1: ventana principal del programa.

¿Una base de datos es un solo archivo?

En SQLite sí, una base de datos no es más que un simple archivo donde se almacenan todas las tablas, columnas, registros, etc.

Pero esto no quiere decir que sea así en todos los productos, de hecho lo normal es que una base de datos se gestione mediante multitud de archivos y directorios. Esto depende del producto en concreto y del tamaño que tenga la base de datos ya que no es lo mismo gestionar las entradas de un blog, que las transacciones de una entidad bancaria.

Capítulo 1.6
Creación de tablas

En este capítulo:

> *1. Crearás tablas con distintas columnas y tipos.*
>
> *2. Escribirás tus primeras sentencias SQL.*
>
> *3. Utilizarás las facilidades que nos proporciona DB BROWSER FOR SQLITE para explorar las tablas de una base de datos.*
>
> *4. Aprenderás el significado de los conceptos "esquema" e "instancia".*

Un pequeño acto de fe

Si bien es cierto que en la introducción te sugerimos que para dominar un lenguaje lo ideal es entender y experimentar con cada uno de los ejemplos, para lo que queda del primer día te pedimos que hagas un pequeño acto de fe y ejecutes las sentencias tal cual están escritas sin pararte a pensar en lo que significan.

La idea es que primero tengas una visión completa de las operaciones fundamentales (crear una base de datos, crear una tabla, insertar registros y consultar datos) y luego pases a profundizar en cada una de ellas a lo largo del segundo día del curso.

Tu primera tabla y por lo tanto tu primera sentencia SQL

Como hemos comentado en el capítulo anterior, el programa nos permite crear y editar tablas mediante un menú visual (opciones "Create Table" y "Modify Table" de la pestaña "Database Structure") pero lo mejor es que aprendamos a hacerlo con sentencias SQL.

Vamos a crear una con el nombre **"USUARIOS"** que almacenará la información de los usuarios de nuestra web. De momento tendrá tres columnas: **ALIAS** que será el nombre del usuario; **EMAIL**, donde almacenaremos las direcciones de correo electrónico y **PASSWORD** donde guardaremos las contraseñas.

Abre la pestaña "Execute SQL" y escribe lo siguiente:

```
CREATE TABLE USUARIOS (
ALIAS TEXT,
EMAIL TEXT,
PASSWORD TEXT)
```

Ya profundizaremos más adelante en la estructura de las sentencias SQL pero en lo que concierne a ésta:

- CREATE TABLE es la sentencia SQL (la "palabra mágica") que sirve para crear tablas.

- A continuación y entre paréntesis están las columnas de la propia tabla. Se definen con un nombre y el tipo de dato, que en este caso es TEXT en los tres casos.

Ahora tenemos que ejecutar la sentencia. Para ello haz click en el icono "PLAY" y si todo ha ido bien en el cuadro de texto de más abajo aparecerá lo siguiente:

Query executed successfully: CREATE TABLE USUARIOS (
ALIAS TEXT,
EMAIL TEXT,
PASSWORD TEXT) (took 1ms)

Ahora cambia a la pestaña "Database Structure" y podrás comprobar que en la sección "Tables" ha aparecido la tabla **USUARIOS** que acabamos de crear.

Name	Type	Schema
◢ ▦ Tables (1)		
▷ ▦ USUARIOS		CREATE TABLE USUARIOS (ALIAS TEXT, EMAIL TEXT, PASSWORD TEXT)

*Imagen 2: estructura de la tabla **USUARIOS**.*

Finalmente sólo queda guardar los cambios. Para ello pulsa la opción "Write Changes" de la barra de menús. Esta es una particularidad de SQLite y debes tenerla en cuenta a lo largo del curso: siempre que realices una operación y quieras guardarla debes pulsar esta opción.

Ya profundizaremos en ello más adelante pero conviene destacar que en otras bases de datos la operación de crear o eliminar una tabla es irreversible, es decir, no hay un "Write Changes" o un "Revert Changes".

Esquema e Instancia

Hasta ahora lo único que hemos creado es una base de datos con una tabla vacía, es decir, un "contenedor" de información. Pues bien, a este contenedor, es decir, al conjunto de elementos que componen una base de datos a excepción de los propios datos, normalmente se le denomina "esquema de base de datos".

Por su parte una "instancia de base de datos" es una base de datos con contenido.

Haciendo un símil con el mundo real piensa en un fabricante de armarios que diseña un nuevo modelo, o lo que es lo mismo, crea un nuevo "esquema de base de datos". A continuación fabrica 1.000 unidades y las vende a diferentes clientes. Pues bien, cada uno de estos mil armarios sería una "instancia de base de datos".

Lo normal es que una base de datos se cree a partir de un esquema para dar servicio a algún tipo de software como por ejemplo Wordpress.

Esta es una de las plataformas más utilizadas para crear blogs y basa su funcionamiento en una base de datos MySQL que es donde se almacenan todos los artículos, comentarios, etc.

Pues bien, cuando instalamos Wordpress una de las primeras cosas que se hacen es crear una nueva instancia de base de datos MySQL a partir de un esquema predefinido.

Esa instancia es la que utiliza el blog para guardar información, es decir, todos los blogs hechos con Wordpress comparten "esquema de base de datos" (tienen una base de datos con el mismo número de tablas, columnas, índices y relaciones).

Capítulo 1.7

Guardar y consultar información

En este capítulo:

> *1. Aprenderás cómo grabar filas en una tabla utilizando sentencias SQL.*

> *2. Utilizarás **DB BROWSER FOR SQLITE** para ver el contenido de las tablas.*

> *3. Crearás tus primeras sentencias SQL para consultar datos.*

Insertar registros en tablas

Puedes guardar registros o bien mediante la interfaz visual del programa (botón "New Record" de la pestaña "Browse Data") o como lo haremos a lo largo del curso: mediante la sentencia INSERT INTO.

Borra el contenido de la pestaña "Execute SQL" y escribe lo siguiente:

INSERT INTO **USUARIOS**
VALUES *('admin','admin@mitienda.com','pa$$w0rd')*

- INSERT INTO: indica que queremos almacenar registros en una tabla.

- VALUES: se utiliza para establecer los valores de cada una de las columnas. Éstos se especifican entre paréntesis y separados por comas (,). Por norma los textos se delimitan entre comillas simples ('). Es algo común en casi todos los lenguajes de programación.

Ahora ejecuta y si todo ha ido bien verás el siguiente mensaje:

> *Query executed successfully: INSERT INTO USUARIOS VALUES ('admin','admin@mitienda.com','pa$$w0rd') (took 0ms)*

Acabamos de guardar los datos del usuario *"admin"* cuyo e-mail es *"admin@mitien-da.com"* y su password *"pa$$w0rd"*.

A continuación vamos a crear uno nuevo:

INSERT INTO **USUARIOS**
VALUES (*'invitado','invitado@yahoo.es','pwd'*)

Query executed successfully: INSERT INTO USUARIOS VALUES ('invitado','invitado@yahoo.es','pwd') (took 0ms)

Obviamente SQL nos proporciona herramientas para insertar varios registros a la vez, pero es algo que aprenderemos en capítulos posteriores.

Muy bien, ahora que ya has creado dos registros sólo nos queda verlos para comprobar que todo ha ido bien.

Mostrar el contenido de una tabla

Para comprobar que la información se ha guardado podemos utilizar la pestaña "Browse Data". Ésta es una opción muy útil y que utilizarás bastante ya que muchas veces es más cómodo ver el contenido de una tabla directamente aquí que construir sentencias SQL.

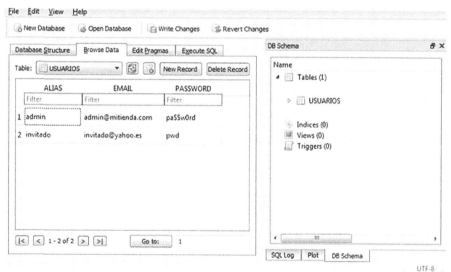

*Imagen 3: contenido de la tabla **USUARIOS**.*

- 🐾 En la lista superior izquierda podemos seleccionar cualquier tabla de la base de datos para ver su información.

- 🐾 Independientemente del número de registros de la tabla, el navegador sólo nos mostrará unos pocos de forma directa. Si queremos ver más podemos utilizar los controles inferiores para recorrerla poco a poco, ir al principio o al final, etc.

- 🐾 Las casillas denominadas "Filter" permiten buscar registros como si fuera una hoja de cálculo.

Buscar información

SELECT nos permite buscar datos en una tabla. Ésta es una de las funciones principales de SQL por lo que es una de las palabras clave que más utilizarás a lo largo del curso.

Escribe y ejecuta la siguiente query (que es como comúnmente se denominan las sentencias SQL):

```
SELECT * FROM USUARIOS
WHERE ALIAS = 'admin'
```

Si todo ha ido bien verás una rejilla con un único registro y un mensaje de confirmación más abajo:

Imagen 4: SQL *ejecutado junto con su resultado.*

SQL es un lenguaje diseñado para que parezca natural así que al igual que para crear tablas (CREATE TABLE) y para insertar registros (INSERT INTO), la sintaxis para consultar información es bastante comprensible.

Empezamos por la palabra clave SELECT que le ordena a la base de datos que busque información. A continuación enumeramos las columnas a mostrar. Si necesitamos todas podemos utilizar el símbolo asterisco (*).

A continuación debemos indicar en qué tablas buscar, para ello utilizamos la palabra FROM junto con el nombre de la misma.

Finalmente le decimos a la base de datos qué registros queremos que nos devuelva: todos o los que cumplan alguna condición. Para ello utilizamos WHERE y en este caso una condición que especifica que estamos buscando aquellos cuyo **ALIAS** sea 'admin'.

En resumen, lo que le hemos preguntado a la base de datos es: *"Dime el alias, el e-mail y el password de los usuarios cuyo alias sea 'admin'"*.

Finalmente, destacar que normalmente hablamos de buscar o consultar información, es decir, tras insertar registros en la base de datos nos dedicamos a hacerle preguntas.

Esto implica que al contrario del símil del armario donde guardamos y sacamos objetos, la lectura de información en una base de datos no es destructiva, es decir, la información sigue ahí hasta que la borremos de forma explícita.

¿Qué podemos preguntar a una base de datos?

Pues prácticamente cualquier cosa. A pesar de su sencillez, SQL es un lenguaje tremendamente versátil que además se ve potenciado por las características propias de cada producto.

En función de cómo hagamos la pregunta y de la información que haya en la base de datos obtendremos todo tipo de respuestas. Es algo en lo que profundizaremos en la segunda jornada pero para que te vayas haciendo una idea prueba a ejecutar las siguientes consultas:

Todos los usuarios cuyo **ALIAS** no sea 'admin':

```
SELECT * FROM USUARIOS
WHERE ALIAS ! = 'admin'
```

Número total de usuarios registrados:

```
SELECT COUNT (1) FROM USUARIOS
```

Usuarios cuyo **ALIAS** sea 'anonimo':

```
SELECT * FROM USUARIOS
WHERE ALIAS = 'anonimo'
```

Capítulo 1.8

Resumen del primer día

Resumimos

¡Enhorabuena! has finalizado el primer día del curso y por lo tanto ya tienes los conocimientos básicos para continuar con tu aprendizaje del lenguaje SQL.

A lo largo de esta jornada has aprendido que una base de datos no es más que un software diseñado para almacenar información, esto es, textos, fechas, imágenes, números, etc. y que SQL es el lenguaje estándar que se utiliza para manipularla y hacerle preguntas.

También has aprendido qué significa exactamente el término "relacional" y por lo tanto qué elementos componen una base de datos: tablas, columnas, registros, relaciones y restricciones principalmente.

Al igual que pasa con cualquier tipo de software, existen multitud de productos en el mercado cada uno de ellos con sus características propias y por lo tanto más o menos adecuados en función de para qué se vayan a utilizar. No es lo mismo almacenar el contenido de un blog que el registro telefónico de una operadora móvil.

En el curso hemos elegido SQLite ya que es gratis, potente y fácil de instalar. Has configurado la herramienta **DB BROWSER FOR SQLITE** que al igual que la base de datos es gratuita, multiplataforma, tiene todas las funcionalidades básicas y es fácil de manejar.

Y finalmente has realizado tus primeras operaciones sobre una base de datos: crearla, construir una tabla, insertar registros y buscar información.

Día 2

En contrapartida al primer día donde los capítulos fueron teóricos, los que te esperan a continuación son en su mayoría prácticos. Escribirás numerosas sentencias SQL así que pruébalas todas y tal y como comentamos anteriormente, experimenta y pon en práctica lo que vayas aprendiendo.

Capítulo 2.1
El lenguaje SQL

En este capítulo:

> *1. Aprenderás las características generales del lenguaje SQL.*
>
> *2. Se enumeran las restricciones que existen a la hora de dar nombres a las tablas, columnas, etc. de una base de datos.*
>
> *3. Repasaremos los distintos tipos de datos que existen.*

Introducción

SQL nació en la década de los 70 en los laboratorios de investigación de IBM. Se diseñó a partir de los trabajos de E. F. Codd (inventor como hemos comentado anteriormente del modelo relacional) para poder gestionar y realizar consultas contra bases de datos.

No es un lenguaje de programación como PHP y Java, sino tal y como indican sus siglas *(Structured Query Language)* es un lenguaje para realizar consultas, en este caso contra una base de datos. Esto implica que es más limitado, sencillo y por lo tanto más fácil de aprender.

Al igual que un lenguaje "real", SQL está formado por una serie de palabras clave (el léxico) que pueden combinarse entre sí siguiendo una serie de reglas (la gramática). En los próximos apartados profundizarás en el uso de las más importantes ya sea de forma aislada como en combinación con otras para generar consultas complejas.

Palabras clave

Son el elemento fundamental del lenguaje ya que le indican a la base de datos qué tiene que hacer: crear una tabla, insertar datos, buscar algún tipo de información, etc. Como decíamos anteriormente, son las "palabras mágicas".

Algunos ejemplos son INSERT, TEXT o SELECT. Aunque en el libro las verás siempre escritas en mayúsculas, da igual cómo lo hagas, SQLite las reconocerá por igual.

Estas palabras están reservadas para dar instrucciones a la base de datos por lo que no podrás utilizarlas como nombres de las tablas, columnas, etc. Para comprobarlo ejecuta esta sentencia en SQLite:

```
CREATE TABLE SELECT (COLUMNA TEXT)
```

Nombres

Un nombre no es más que el apelativo que le damos a un objeto de la base de datos. Todos deben tener uno y éste debe ser único dentro de su clase. Esto implica que no pueden existir dos tablas con el mismo nombre, al igual que no pueden existir dos columnas iguales dentro de la misma tabla.

Por otro lado, tal y como ocurre con las palabras clave, da igual que escribas los nombres en mayúscula o en minúscula, para SQLite es como si todas las letras fueran mayúsculas.

Por ejemplo, si primero creas una tabla "**Usuario**", luego no podrás crear la tabla "**USUARIO**":

Para comprobarlo primero ejecuta esta sentencia:

```
CREATE TABLE Usuario
(NOMBRE TEXT)
```

Y a continuación la siguiente. Si todo ha ido bien se producirá un error.

```
CREATE TABLE USUARIO
(NOMBRE TEXT)
```

Todos los nombres deben empezar por una letra y no pueden contener determinados símbolos especiales, espacios u operadores aritméticos como el de suma (+) o multiplicación (*). Por ejemplo, los siguientes nombres serían correctos:

- **USUARIOS1**: empieza por letra.

- **_USUARIOS**: el subrayado no es un símbolo especial prohibido.

Mientras que los siguientes no:

- **1USUARIOS**: empieza por número.

- **USUARIOS DE MI WEB**: contiene espacios.

- **USU*ARIOS**: contiene un operador prohibido (*)

Estas restricciones están encaminadas a evitar confusiones a la hora de interpretar una sentencia SQL. Por ejemplo, si se permitiese el uso de palabras reservadas como nombres de tablas, SQLite no podría saber si la siguiente sentencia es correcta o simplemente hemos cometido un error a la hora de escribirla.

```
INSERT INTO INTO
VALUES (1,2,3)
```

¿El usuario quiere insertar un registro en la tabla "INTO" o se ha equivocado escribiendo la sentencia y ha repetido la palabra clave?

Operadores

El tercer elemento característico de SQL son los operadores. Éstos nos permiten hacer cálculos aritméticos (sumar, restar, dividir...), lógicos o de comparación (mayor que, menor que...) entre columnas, filas, etc.

Prueba a ejecutar lo siguiente:

```
SELECT 1 + 2 FROM USUARIOS
```

Verás que en vez de devolver el contenido de las columnas de la tabla **USUARIOS**, la base de datos "contesta" con el resultado de sumar 1 y 2 que es lo que le hemos pedido que haga mediante la expresión "1 + 2".

Tipos de datos

Los últimos elementos que componen el lenguaje son los tipos de datos, esto es, los distintos tipos de valores que podremos guardar en las columnas de una tabla. Como adelantamos en los primeros capítulos del libro, los que utilizaremos a lo largo del curso son:

- **INTEGER**: Números enteros positivos o negativos.

- **TEXT**: Textos.

- **REAL**: Números positivos o negativos con decimales.

- **DATETIME**: Fechas.

Espacios y separadores de línea

Si bien es recomendable ser lo más claro y ordenado posible a la hora de escribir sentencias, SQL es muy flexible en este sentido y nos permite utilizar espacios, saltos de líneas y tabulaciones.

Para comprobarlo prueba a ejecutar las siguientes sentencias tal cual están escritas:

Todo en una única línea:

```
SELECT * FROM USUARIOS
```

Con saltos de línea:

```
SELECT
*
FROM USUARIOS
```

Con saltos de línea y tabulaciones:

```
SELECT *
    FROM USUARIOS
```

Mientras exista un espacio de separación entre palabras clave y nombres, SQLite será capaz de reconocer las instrucciones que le estamos enviando.

Finalmente destacar que no es necesario ejecutar las sentencias de una en una, podemos escribir varias y ejecutarlas de forma secuencial. Para hacerlo debes separarlas con el carácter (;).

Por ejemplo:

```
CREATE TABLE COCHES (MATRICULA TEXT);
INSERT INTO COCHES VALUES ('4765 AFG');
SELECT * FROM COCHES;
DROP TABLE COCHES;
```

- Primero creamos la tabla **COCHES** con una única columna **MATRÍCULA**.

- Insertamos un valor.

- Consultamos el contenido de la tabla.

- Y para terminar la borramos mediante DROP TABLE.

Al finalizar la ejecución verás en la rejilla de resultados el registro con la matrícula "4765 AFG" y en el *log* el resultado de la última instrucción:

Query executed successfully: DROP TABLE COCHES; (took 0ms)

Prueba a ejecutar de nuevo la consulta SELECT. Esto puedes hacerlo borrando las otras tres o seleccionando el texto que quieres ejecutar y haciendo click en el icono correspondiente.

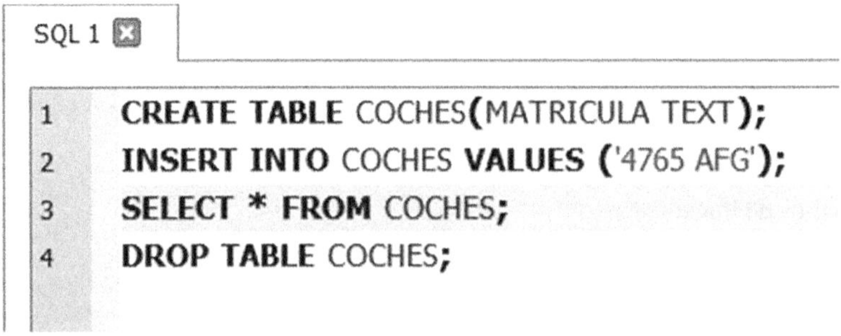

Imagen 5: resaltamos una línea para ejecutarla de forma independiente.

El mensaje de error te indica que la tabla "COCHES" no existe porque ya la borraste previamente.

*no such table: COCHES: SELECT * FROM COCHES;*

Create, Alter y Drop Table

En este capítulo:

> *1. Aprenderás a crear y modificar tablas.*
>
> *2. Utilizarás la sentencia DROP TABLE para eliminarlas.*
>
> *3. Aprenderás a definir columnas con una longitud predeterminada.*

CREATE TABLE

Lo primero que debemos hacer para utilizar una base de datos es crear las tablas que la forman mediante la instrucción CREATE TABLE cuya sintaxis es:

 **¡IMPORTANTE!**

CREATE TABLE **nombre_tabla** (
nombre_columna_1 TIPO_COLUMNA_1 *(tamaño_columna_1)*,
nombre_columna_2 TIPO_COLUMNA_2 *(tamaño_columna_2)*,
nombre_columna_n TIPO_COLUMNA_N *(tamaño_columna_n)*
)

- CREATE TABLE: palabras clave que indican que lo que vamos a hacer es definir una tabla.

- **nombre_tabla**: a continuación le asignamos un nombre. Recuerda las restricciones que aprendiste en el capítulo anterior.

- **nombre_columna** TIPO_COLUMNA *(tamaño_columna)*: Finalmente se enumeran las columnas separadas por comas con el nombre, tipo y opcionalmente tamaño de cada una de ellas.

Como ejemplo vamos a crear una con un dato de cada tipo y diferentes longitudes.

Con la siguiente sentencia crearemos la tabla **PRUEBAS_TIPO** con cinco columnas: **TEXTO_CORTO, TEXTO_LARGO, FECHA_NUMERICA, FECHA** y **NUMERO_ DECIMALES**.

```
CREATE TABLE PRUEBAS_TIPOS (
TEXTO_CORTO TEXT (5),
TEXTO_LARGO TEXT (500),
FECHA_NUMERICA INTEGER (8),
FECHA DATETIME,
NUMERO_DECIMALES REAL (8,3)
)
```

Definir el tamaño de las columnas

Tal y como hemos visto en el ejemplo, el tamaño se especifica con un número entre paréntesis a continuación del propio nombre de la columna.

Esta restricción no puede aplicarse en el tipo de dato DATETIME. En el resto de los casos el tamaño significa lo siguiente:

- **INTEGER**: Limita el número máximo de dígitos de un número por lo que una columna INTEGER de tamaño 4 podrá almacenar valores desde el -9999 al 9999.

- **TEXT**: Similar al caso anterior, el tamaño indica el número máximo de letras (contando espacios) que puede tener un texto. Una de 4 posiciones no podría almacenar el nombre "Roberto" por ejemplo.

- **REAL**: En este caso la longitud se expresa mediante dos cifras. El primero de ellos es el número total de dígitos y el segundo el de decimales. Así pues un REAL de tamaño 9,2 podrá almacenar desde el -9999999.99 al 9999999.99 (7 enteros + 2 decimales = 9 dígitos totales).

• •

 EJERCICIOS

Para practicar intenta deducir si los siguientes valores son correctos en base a la columna en la que se intentan guardar:

1. Columna **IMPORTE** de tipo REAL *(6,2)*
   a) -1814
   b) 2015,23
   c) -1456,567
   d) 23
   e) 12,887

SOLUCIÓN: SÍ: a), b) y d) / NO: c) y e)

2. Columna **OBJETO** de tipo TEXT *(10)*
   a) Bombilla
   b) Bombilla de bajo consumo
   c) Vaso
   d) Vaso alto

SOLUCIÓN: SÍ: a), c) y d) / NO: b)

• • • • • • • • • • • • • • • • • • •

Antes de aprender a modificar una tabla vamos a practicar un poco con la instrucción CREATE TABLE mediante el siguiente ejercicio:

Crea la tabla "Cliente" con las columnas y tipos necesarios para almacenar esta información:

- Nombre: contempla como mucho 40 caracteres.
- Apellidos: 100 caracteres como máximo.
- DNI: decide qué tipo y tamaño es el más conveniente.
- Dirección: 300 caracteres máximo.
- Número de socio: asumimos que nuestra tienda podrá llegar a tener 9.999 clientes.
- Fecha de nacimiento: utiliza el tipo DATETIME.
- Edad: piensa cuál debe ser el tipo y la longitud apropiada.
- Puntos: la tienda permitirá acumular 99.999 puntos como máximo. Los puntos pueden tener decimales (como mucho 2).

Un ejemplo de tabla válida sería:

```
CREATE TABLE CLIENTE (
NOMBRE TEXT (40),
APELLIDOS TEXT (100),
DNI TEXT (9),
DIRECCIÓN TEXT (300),
NUM_SOCIO INTEGER (4),
FECHA_NAC DATETIME,
EDAD INTEGER (3),
PUNTOS REAL (7,2),
)
```

A tener en cuenta:

- El **DNI** puede estar formado por 8 números y un dígito de control por lo que el tipo mínimo es un TEXT (9).

- El número de socio debe ser un INTEGER (4) y la edad un INTEGER (3) ya que los clientes siempre tendrán menos de 999 años.

- Los puntos necesitan 5 dígitos enteros y 2 decimales de ahí que la solución sea un REAL (7,2).

• •

ALTER TABLE

Si bien lo normal es tener muy claro el nombre y qué queremos guardar en una tabla cuando la creamos, también lo es que con el paso del tiempo necesitemos almacenar algo más, modificar su nombre o eliminar alguna columna.

Piensa por ejemplo en la tabla **CLIENTE** del ejercicio anterior ¿y si necesitamos guardar el número de teléfono de los clientes? o ¿qué podemos hacer si queremos cambiar su nombre a **CLIENTES** porque nos parezca más claro? ¿podríamos eliminar la columna **EDAD** si ya no nos parece importante?

Para resolver estas situaciones utilizaremos la instrucción ALTER TABLE que tiene las siguientes variantes:

- **ALTER TABLE - RENAME TO**: Ésta nos permite modificar el nombre de una tabla de la base de datos:

¡IMPORTANTE!

ALTER TABLE **nombre_tabla**
RENAME TO **nuevo_nombre**

Por ejemplo:

ALTER TABLE **CLIENTE**
RENAME TO **CLIENTES**

- **ALTER TABLE - ADD COLUMN**: Como puedes deducir, nos permite añadir columnas a nuestras tablas.

¡IMPORTANTE!

ALTER TABLE **nombre_tabla**
ADD COLUMN **nombre_columna** tipo_columna *(tamaño columna)*

Para añadir el número de teléfono a **CLIENTES** simplemente hay que ejecutar:

ALTER TABLE **CLIENTES**
ADD COLUMN **NUM_TELEFONO** INTEGER *(9)*

- **ALTER TABLE - DROP COLUMN**: Si ya no necesitamos alguna de nuestras columnas podemos eliminarla mediante esta instrucción:

¡IMPORTANTE!

ALTER TABLE **nombre_tabla**
DROP COLUMN **nombre_columna** tipo_columna *(tamaño columna)*

Por ejemplo, para eliminar la columna **EDAD** hay que ejecutar:

ALTER TABLE **CLIENTES**
DROP COLUMN **EDAD**

Con resultado:

near: "DROP": syntax error:

No, no te has equivocado escribiendo la consulta, al ejecutarla verás un error. Esto se debe a que como cualquier otra base de datos, SQLite tiene sus características y limitaciones y ésta es precisamente una de las más destacables: **no podemos eliminar columnas de una tabla que ya hayamos creado.**

● **ALTER TABLE – RENAME COLUMN**: finalmente, con esta variante podrás cambiar el nombre de las columnas.

¡IMPORTANTE!

ALTER TABLE **nombre_tabla**
RENAME COLUMN **nombre_columna** TO **nuevo_nombre**

Al igual que la sentencia anterior, tampoco está permitida en SQLite pero es conveniente que la conozcas. Un ejemplo sería:

ALTER TABLE **CLIENTES**
RENAME COLUMN **NUM_PUNTOS** TO **PUNTOS**

EJERCICIO

Escribe las sentencias SQL necesarias para realizar los siguientes cambios en la tabla **CLIENTES**:

- Añadir una columna para registrar direcciones de e-mail de como mucho 50 caracteres de largo.
- Añadir otra para los teléfonos fijos.
- Eliminar la columna de puntos dado que ya ha terminado la promoción.
- Cambiar DNI por NIF permitiendo por lo tanto registrar autónomos como clientes de la tienda.

La solución sería (ten en cuenta que las dos últimas no funcionan en SQLite debido a las limitaciones comentadas anteriormente):

```
ALTER TABLE CLIENTES
ADD COLUMN EMAIL TEXT (50);

ALTER TABLE CLIENTES
ADD COLUMN NUM_TELEFONO_FIJO INTEGER (9);

ALTER TABLE CLIENTES
DROP COLUMN PUNTOS;

ALTER TABLE CLIENTES
RENAME COLUMN DNI TO NIF;
```

DROP TABLE

Esta es la última instrucción que aprenderás en este capítulo. Se utiliza para eliminar tablas por lo que es bastante peligrosa ya que al borrar una perderemos todos sus datos:

 ¡IMPORTANTE!

```
DROP TABLE nombre_tabla
```

Para practicar vamos a limpiar un poco nuestra base de datos:

```
DROP TABLE PRUEBAS_TIPOS;
DROP TABLE USUARIOS;
DROP TABLE USUARIO;
```

Capítulo 2.3
Insert into

En este capítulo:

> *1. Aprenderás a guardar registros en una tabla.*

INSERT INTO

Muy bien, ya has aprendido a crear, modificar y eliminar tablas así que te estarás preguntando ¿cómo puedo llenarlas de contenido? Es decir ¿cómo puedo almacenar información en ellas? Pues muy sencillo, mediante la instrucción INSERT INTO:

 **¡IMPORTANTE!**

INSERT INTO **nombre_tabla**
VALUES *(valor_1, valor_n)*

- INSERT INTO: es la instrucción que le indica a la base de datos que queremos insertar una nueva fila en una tabla.

- **nombre_tabla**: nombre de la tabla donde vamos a almacenar datos.

- VALUES: a continuación aparecerá la lista de valores a guardar.

- *(valor_1, valor_n)*: Valores a asignar en cada una de las columnas de la tabla "**nombre_tabla**" separados por comas (,).

Como siempre, la mejor forma de entenderlo es mediante la práctica. Si has ejecutado todas las sentencias hasta ahora, en tu base de datos tendrás una única tabla llamada **CLIENTES** con las siguientes columnas:

NOMBRE, APELLIDOS, DNI, DIRECCION, NUM_SOCIO, FECHA_NAC, EDAD, PUNTOS, NUM_TELEFONO, EMAIL, NUM_TELEFONO_FIJO.

Vamos a crear un nuevo registro (una nueva fila de valores) ejecutando:

```
INSERT INTO CLIENTES
VALUES (
'ROBERTO','SUÁREZ GIL','78665424D',
'CALLE MAYOR N°5',1,'1978-08-21',
32,12.45,679867456,
NULL, 913479567)
```

A tener en cuenta:

- 🗨 Los valores que vamos a guardar en las columnas de tipo TEXT se delimitan entre comillas simples ('). La necesidad de utilizar separadores en los textos es algo común a todos los lenguajes de programación.

- 🗨 Por su parte, los números no necesitan ningún tipo de delimitador.

- 🗨 Para especificar decimales utilizamos un punto (.).

- 🗨 Las fechas debemos escribirlas siguiendo el siguiente formato: año (4 dígitos) - mes (2 dígitos) - día (2 dígitos), como por ejemplo '1978-08-21'.

- 🗨 NULL es la palabra reservada de SQL para representar el valor nulo, es decir, indica que en esa columna no se guardará ningún valor.

Ahora, si vamos a la pestaña "Browse Data" veremos el contenido de la tabla con el registro que acabamos de insertar:

Imagen 6: primer registro de la tabla.

En este caso hemos especificado un valor para cada una de las columnas, pero no es imprescindible, es decir, SQL nos permite omitir columnas cuando creamos un nuevo registro. Para ello se utiliza una variante de la sentencia INSERT INTO:

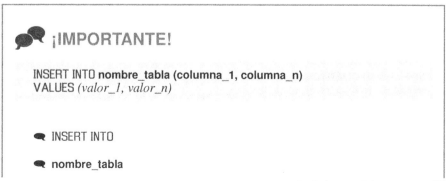

🗨 ¡IMPORTANTE!

INSERT INTO nombre_tabla (columna_1, columna_n)
VALUES *(valor_1, valor_n)*

🗨 INSERT INTO

🗨 nombre_tabla

> 🔹 **(columna_1, columna_n)**: nombres de las columnas separadas por comas.
>
> 🔹 VALUES
>
> 🔹 *(valor_1, valor_n)*: valores a guardar en cada una.

Vamos a insertar una nueva fila almacenando sólo el nombre y los apellidos:

```
INSERT INTO CLIENTES (NOMBRE, APELLIDOS)
VALUES ('ANTONIO', 'SÁNCHEZ CABALLERO')
```

Por defecto, la base de datos asignará el valor NULL a los campos en los que no hayamos guardado un valor.

Imagen 7: en el segundo registro hay columnas sin valor.

Especificando las columnas también determinamos el orden en el que aparecerán en la lista VALUES. Por ejemplo, para insertar la fila anterior también podríamos haber ejecutado:

```
INSERT INTO CLIENTES (APELLIDOS, NOMBRE)
VALUES ('SÁNCHEZ CABALLERO', 'ANTONIO')
```

Por el contrario, si no incluimos la lista de columnas en la *query*, SQLite esperará encontrar valores para todas y cada una de ellas. Si falta alguno nos devolverá un error.

Prueba a ejecutar lo siguiente:

```
INSERT INTO CLIENTES
VALUES ('ROBERTO')
```

table CLIENTES has 11 columns but 1 values were supplied:
INSERT INTO CLIENTES VALUES ('ROBERTO')

EJERCICIO

Crea las sentencias INSERT INTO *de los siguientes clientes:*

- HÉCTOR GARCÍA PASCUAL, con número de socio 123, nacido el 3 de Mayo del 79, y teléfono fijo 916897654.
- SILVIA ROMERO FERNÁNDEZ, con DNI 78665432Q que vive en la Calle Manuela Malasaña 23 de Madrid.
- LAURA MARÍN SÁNCHEZ, de 45 años de edad, 345.67 puntos y dirección de email lmarsanchez@tucorreo.es.
- ANTONIO SÁNCHEZ CABALLERO, nacido el 5 de Junio del 68.

Una posible solución sería:

INSERT INTO **CLIENTES** (**NOMBRE, APELLIDOS, NUM_SOCIO, FECHA_ NAC, NUM_TELEFONO_FIJO**)
VALUES *('HÉCTOR', 'GARCÍA PASCUAL', 123, '1979-05-03', 916897654)*;

INSERT INTO **CLIENTES** (**NOMBRE, APELLIDOS, DNI, DIRECCION**)
VALUES *('SILVIA', 'ROMERO FERNÁNDEZ', '78665432Q', 'Calle Manuela Malasaña 23. Madrid')*;

INSERT INTO **CLIENTES** (**NOMBRE, APELLIDOS,** EDAD, **PUNTOS, EMAIL**)
VALUES *('LAURA', 'MARÍN SÁNCHEZ', 45, 345.67, 'lmarsanchez@ tucorreo.es')*;

INSERT INTO **CLIENTES** (**NOMBRE, APELLIDOS, FECHA_NAC**)
VALUES *('ANTONIO', 'SÁNCHEZ CABALLERO', '1968-06-05')*;

Si todo ha ido bien, veremos lo siguiente en la pestaña "Browse Data":

	NOMBRE	APELLIDOS	DNI	DIRECCION	NUM_SOCIO
	Filter	Filter	Filter	Filter	Filter
1	ROBERTO	SUÁREZ GIL	78665424D	CALLE MAYOR ...	1
2	ANTONIO	SÁNCHEZ CAB...			
3	ANTONIO	SÁNCHEZ CAB...			
4	HÉCTOR	GARCÍA PASCU...			123
5	SILVIA	ROMERO FERN...	78665432Q	Calle Manuela ...	
6	LAURA	MARÍN SÁNCH...			
7	ANTONIO	SÁNCHEZ CAB...			

Table: CLIENTES   New Record Delete Record

Database Structure Browse Data Edit Pragmas Execute SQL

|< < 1 - 7 of 7 > >| Go to: 1

Imagen 8: lista de clientes.

Un momento ¿pueden existir tres clientes con el nombre *ANTONIO SÁNCHEZ CABALLERO*? Pues sí ya que en una tabla, salvo que hagamos algo para controlarlo, no hay restricción a la hora de insertar registros más allá de los límites que establecen los tipos de dato. Es por esto que hemos podido crear dos filas para lo que parece la misma persona.

Lo normal es que queramos controlar que no se dan de alta dos clientes con el mismo nombre, o dos vehículos con la misma matrícula en la base de datos de una empresa de *renting*, etc. Para hacer esto utilizaremos restricciones (CONS-TRAINTS) tema en el que profundizaremos en el siguiente capítulo.

• •

Capítulo 2.4
Uso de Primary Key

En este capítulo:

> *1. Estudiaremos qué son las restricciones de una base de datos relacional.*
>
> *2. Aprenderás a establecer la denominada "restricción de clave primaria" o PRIMARY KEY CONSTRAINT, fundamental para casi todas las tablas.*

¿Qué son las restricciones?

Una restricción no es más que una prohibición, una norma a cumplir por todos y cada uno de los registros de una tabla. Las hay de varios tipos siendo la fundamental y con la que trabajaremos a lo largo del curso la PRIMARY KEY o simplemente PK.

Ésta establece que no pueden existir dos registros con los mismos valores en una serie de columnas. Por ejemplo, si estamos guardando clientes en una tabla, podemos definir la PK en la columna **DNI** evitando así que existan dos personas con el mismo documento.

Salvo excepciones, todas las tablas de una base de datos relacional tienen PK.

Volviendo al ejemplo que vimos el primer día sobre una tabla con modelos de vehículos:

MODELO	MARCA	CILINDRADA	CONSUMO
IBIZA 1.4 TDI	SEAT	1.4	4 l/100 km
VERSO 2.0	TOYOTA	2.0	5 l/100 km
DS5 2.2	CITROËN	2.2	5 l/100 km

En este caso la PK podría estar formada sólo por la columna **MODELO** ya que es poco probable que dos marcas compartan la misma denominación. Si no estamos seguros de esto, podemos establecer una PK con dos columnas: **MARCA** y **MODELO** asegurándonos así que nunca se repetirán.

Podemos definir la PK al crear una tabla o posteriormente. Vamos a ver cómo:

> 🖛 **PRIMARY KEY en la creación de una tabla. Columna única:** si queremos que una única columna forme la PK de una tabla, basta con añadir la palabra reservada PRIMARY KEY a continuación de su tipo en el SQL de creación.

🗨 ¡IMPORTANTE!

CREATE TABLE **nombre_tabla**
nombre_columna_1 tipo_columna_1 *(tamaño_columna_1)* PRIMARY KEY,
nombre_columna_n tipo_columna_n *(tamaño_columna_n)*

Por ejemplo:

CREATE TABLE **MODELOS** (
MARCA TEXT *(30)*,
MODELO TEXT *(100)* PRIMARY KEY,
CILINDRADA TEXT *(10)*,
CONSUMO TEXT *(15)*)

Si todo ha ido bien veremos la siguiente tabla en la pestaña "Database Structure".

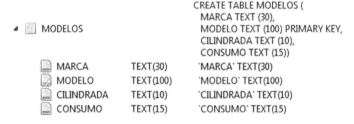

Imagen 9: El icono con forma de llave en una columna indica que es parte de la PK.

Ahora vamos a insertar un registro en la tabla **MODELOS**:

INSERT INTO **MODELOS** *(MARCA, MODELO)*
VALUES *('SEAT', 'IBIZA 1.4 TDI')*

Query executed successfully: INSERT INTO MODELOS (MARCA, MODELO)
VALUES ('SEAT', 'IBIZA 1.4 TDI') (took 1ms)

Al ser el primero no hay posibilidad de haber repetido el modelo por lo que se carga correctamente en la tabla.

Ahora vamos a probar con la siguiente sentencia:

INSERT INTO **MODELOS** *(MARCA, MODELO)*
VALUES *('RENAULT', 'IBIZA 1.4 TDI')*

UNIQUE constraint failed: MODELOS.MODELO: INSERT INTO
MODELOS (MARCA, MODELO) VALUES ('RENAULT', 'IBIZA 1.4 TDI')

La base de datos nos devuelve un error ya que si lo guardase existirían dos filas con el mismo valor en la columna **MODELO** saltándose así la restricción de tipo PK de la tabla.

🐟 **PRIMARY KEY en la creación de una tabla. Varias columnas:** otra posibilidad es que la PK esté formada por dos o más columnas. En este caso también utilizaremos la palabra PRIMARY KEY pero esta vez precediendo al conjunto de columnas que la forman.

🗨 ¡IMPORTANTE!

CREATE TABLE **nombre_tabla**
nombre_columna_1 tipo_columna_1 *(tamaño_columna_1),*
nombre_columna_2 tipo_columna_2 *(tamaño_columna_2),*
nombre_columna_n tipo_columna_n *(tamaño_columna_n),*
PRIMARY KEY **(columna_1, columna_n)**
)

Por ejemplo:

DROP TABLE **MODELOS**;

CREATE TABLE **MODELOS** (
MARCA TEXT *(30),*
MODELO TEXT *(100),*
CILINDRADA TEXT *(10),*
CONSUMO TEXT *(15),*
PRIMARY KEY *(MARCA, MODELO)*
);

Esta vez el icono de la llave aparece en las columnas **MARCA** y **MODELO**.

Ahora vamos a probar la restricción ejecutando distintas sentencias INSERT INTO:

INSERT INTO **MODELOS** *(MARCA, MODELO)*
VALUES *('SEAT', 'IBIZA 1.4 TDI')*

Funciona correctamente ya que es el primer registro.

```
INSERT INTO MODELOS (MARCA, MODELO)
VALUES ('RENAULT', 'IBIZA 1.4 TDI')
```

Esta vez sí que funciona la segunda sentencia ya que aunque se repita el modelo *'IBIZA 1.4 TDI'*, la marca es diferente en ambas filas: en una *'SEAT'* y en la otra *'RENAULT'*.

Si volvemos a intentar la inserción, la base de datos nos avisará con un mensaje de error.

```
INSERT INTO MODELOS (MARCA, MODELO)
VALUES ('RENAULT', 'IBIZA 1.4 TDI')
```

UNIQUE constraint failed: MODELOS.MARCA, MODELOS.MODELO:
INSERT INTO MODELOS (MARCA, MODELO) VALUES ('RENAULT',
'IBIZA 1.4 TDI')

- **Añadir PRIMARY KEY tras crear una tabla:** si ya hemos creado nuestra tabla y necesitamos establecer la clave primaria, podemos utilizar una nueva variante de la instrucción ALTER TABLE.

 **¡IMPORTANTE!**

```
ALTER TABLE nombre_tabla
ADD PRIMARY KEY (columna_1, columna_n)
```

SQLite sólo nos permite añadir restricciones al crear las tablas por lo que esta opción no es compatible. En todo caso un ejemplo de uso sería:

```
ALTER TABLE CLIENTES
ADD PRIMARY KEY (DNI)
```

- **Eliminar PRIMARY KEY:** Esta opción es útil tanto para quitar definitivamente la PK de una tabla como para modificarla, ya que SQL no nos permite hacerlo directamente. Si queremos que sean otras las columnas que formen la PK, primero tenemos que eliminarla y luego volverla a crear.

¡IMPORTANTE!

ALTER TABLE **nombre_tabla**
DROP PRIMARY KEY

Al igual que el caso anterior, SQLite no es compatible con esta opción. Un ejemplo de uso sería:

ALTER TABLE **MODELO**
DROP PRIMARY KEY

Capítulo 2.5
Select básico

En este capítulo:

1. *Utilizarás la sentencia SELECT para leer los registros de una tabla.*

2. *Combinarás su uso con DISTINCT para buscar valores diferentes y con COUNT para contar filas.*

3. *Ordenarás los resultados mediante ORDER BY.*

4. *Limitarás las filas a obtener con LIMIT.*

¿Qué información hay en mi base de datos?

Como ya hemos comentado varias veces a lo largo del curso, las principales funciones de una base de datos son guardar y recuperar información. En los capítulos anteriores has aprendido a crear tablas y a insertar registros en ellas. Pues bien, en éste aprenderás a consultar esta información mediante el uso de la sentencia SELECT.

Su sintaxis es la siguiente:

 ¡IMPORTANTE!

SELECT **columna_1, columna_n**
FROM **nombre_tabla**

- SELECT: le indicamos a la base de datos que vamos a buscar información.

- **columna_x**: separadas por comas, los nombres de las columnas cuyos datos queremos obtener. Para seleccionar todas podemos utilizar el símbolo asterisco (*).

- FROM: marca el fin de la lista de campos y el inicio de la lista de tablas (de momento una).

- **nombre_tabla**: tabla de la que leeremos datos.

Ésta es sin duda la palabra clave más potente de SQL ya que admite multitud de variantes, por lo que en el libro le dedicaremos varios capítulos. Éste se centra en su forma más básica: la que permite acceder a los datos de una única tabla.

Primero indicamos qué columnas queremos leer y luego la tabla de la que extraeremos la información.

Para consultar todo el contenido de la tabla **CLIENTES** simplemente tenemos que ejecutar:

```
SELECT * FROM CLIENTES
```

Podemos "traducir" esta sentencia como una orden al gestor de base de datos:

*"Busca toda la información que tengas de todos los **CLIENTES**"*

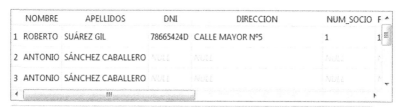

```
7 Rows returned from: SELECT * FROM CLIENTES (took 2ms)
```

Imagen 10: resultado de la consulta.

O también podemos consultar un conjunto de campos en particular:

```
SELECT NOMBRE, APELLIDOS, DNI
FROM CLIENTES
```

"Busca NOMBRE, DNI y APELLIDOS de todos los CLIENTES"

Como has podido comprobar con estos ejemplos la sintaxis básica de SELECT es muy sencilla pero está limitada a preguntas muy concretas. ¿Qué pasa si lo que queremos saber es cuántos clientes hay en la base de datos o las diferentes direcciones registradas?

Para poder realizar éstas y muchas otras preguntas, SQL pone a nuestra disposición palabras como COUNT o DISTINCT que complementan la sentencia SELECT.

DISTINCT

Tal y como su nombre indica, esta sentencia nos permite calcular los diferentes valores de un conjunto de columnas.

Su sintaxis es:

 **¡IMPORTANTE!**

SELECT DISTINCT **columna_1, columna_n**
FROM **nombre_tabla**

- SELECT DISTINCT: le indicamos a la base de datos que queremos buscar valores únicos.

- **columna_x**: separadas por comas, los nombres de las columnas. Para utilizar todas podemos usar el símbolo asterisco (*).

- FROM.

- **nombre_tabla**.

Por ejemplo, para obtener una lista con los nombres de nuestros clientes:

SELECT DISTINCT **NOMBRE**
FROM **CLIENTES**

También podemos utilizar un conjunto de columnas:

SELECT DISTINCT **NUM_TELEFONO, DIRECCION**
FROM **CLIENTES**

NUM_TELEFONO	DIRECCION
679867456	CALLE MAYOR Nº5
NULL	NULL
NULL	Calle Manuela Malasaña 23. Madrid

Como puedes comprobar en los resultados, para SQLite **NULL** es un valor y por lo tanto lo utiliza a la hora de generar las combinaciones de teléfonos y direcciones diferentes.

Si comparamos el resultado con todos los valores de la tabla:

SELECT **NUM_TELEFONO, DIRECCION**
FROM **CLIENTES**

Nº FILA	NUM_TELEFONO	DIRECCION
1	679867456	CALLE MAYOR Nº5
2	NULL	NULL
3	NULL	NULL
4	NULL	NULL
5	NULL	Calle Manuela Malasaña 23. Madrid
6	NULL	NULL
7	NULL	NULL

La fila 1 de la sentencia DISTINCT se corresponde con la primera de la tabla **CLIENTE**. Por su parte la fila 2 se corresponde con la 2, 3, 4, 6 y 7 mientras que la fila 3 se corresponde con la 5.

ORDER BY

Aparte de solicitar información a la base de datos, también podemos indicarle en qué orden queremos recibir las filas. Si por ejemplo necesitamos mostrar todas las entradas de un blog, lo normal sería recuperar primero los posts más actuales. Para ello utilizaremos la cláusula ORDER BY al final de cualquier query SELECT.

Por ejemplo:

SELECT **NOMBRE, APELLIDOS**
FROM **CLIENTES** ORDER BY **NOMBRE**

NOMBRE	APELLIDOS
ANTONIO	SÁNCHEZ CABALLERO
ANTONIO	SÁNCHEZ CABALLERO
ANTONIO	SÁNCHEZ CABALLERO
HÉCTOR	GARCÍA PASCUAL
LAURA	MARÍN SÁNCHEZ
ROBERTO	SUÁREZ GIL
SILVIA	ROMERO FERNÁNDEZ

Lo que traducido a nuestro lenguaje sería:

*"Busca el nombre y los apellidos de los **CLIENTES** y ordénalos por **NOMBRE**"*.

Podemos utilizar una o varias columnas. En este caso la base de datos ordenaría por la primera columna y si dos registros tienen el mismo valor, pasaría a utilizar como criterio la segunda y así sucesivamente.

También podemos decidir por cada columna si queremos un orden descendente (DESC) o ascendente (ASC) siendo este el criterio por defecto.

Prueba a ejecutar:

```
SELECT NOMBRE, APELLIDOS
FROM CLIENTES ORDER BY NOMBRE ASC
```

Verás que no hay diferencia entre utilizar ASC o no. Prueba en cambio:

```
SELECT NOMBRE, APELLIDOS
FROM CLIENTES ORDER BY NOMBRE DESC
```

NOMBRE	APELLIDOS
SILVIA	ROMERO FERNÁNDEZ
ROBERTO	SUÁREZ GIL
LAURA	MARÍN SÁNCHEZ
HÉCTOR	GARCÍA PASCUAL
ANTONIO	SÁNCHEZ CABALLERO
ANTONIO	SÁNCHEZ CABALLERO
ANTONIO	SÁNCHEZ CABALLERO

LIMIT

Con esta palabra clave podrás indicarle a la base de datos que sólo quieres recuperar los primeros registros de una consulta.

 **¡IMPORTANTE!**

```
SELECT [...]
LIMIT numero_registros
```

- SELECT: sentencia de consulta.

- LIMIT: le indicamos a la base de datos que vamos a establecer un límite de registros

- numero_registros: número de registros a mostrar.

Por ejemplo, para mostrar los tres clientes más mayores podrías ejecutar:

```
SELECT *
FROM CLIENTES
ORDER BY EDAD DESC LIMIT 3
```

COUNT

Hasta ahora todas las consultas que hemos hecho han ido enfocadas a recuperar el contenido de una tabla, es decir, a ver qué datos tiene cada fila.

Si por el contrario lo que queremos saber es simplemente cuántos clientes se han registrado o cuántos nos han dado su número de teléfono, podemos utilizar COUNT:

 ¡IMPORTANTE!

SELECT COUNT (* / **columna** / DISTINCT **columna**)
FROM **nombre_tabla**

🗨 SELECT.

🗨 COUNT (* / **columna** / DISTINCT **columna**):
- COUNT (*): contar filas
- COUNT (**columna**): contar filas que tengan valor en la columna especificada. Es decir, que la columna no sea NULL.
- COUNT (DISTINCT **columna**): contar valores diferentes (se ignoran las filas con valor NULL).

🗨 FROM.

🗨 **nombre_tabla**.

Vamos a ver un ejemplo de cada una de las opciones de COUNT:

SELECT COUNT (*)
FROM **CLIENTES**

El resultado es 7 ya que ése es el número de filas de la tabla.

SELECT COUNT (**DNI**)
FROM **CLIENTES**

Dado que sólo hay dos clientes que hayan informado el NIF, el resultado de la *query* es dos.

SELECT COUNT (DISTINCT **NOMBRE**)
FROM **CLIENTES**

La base de datos nos devuelve cinco, que se corresponden con los nombres: *ROBERTO, ANTONIO* (se repite tres veces pero al haber un DISTINCT sólo cuenta como uno), *HÉCTOR, SILVIA* y *LAURA*.

EJERCICIO

Escribe consultas que respondan a las siguientes preguntas:

- ¿Cuántos clientes nos han dado su teléfono móvil?
- ¿Cuáles son las edades de los clientes?
- ¿Cómo se llaman (nombre y apellidos) todos nuestros clientes?
- Supón que queremos enviarles una felicitación el día de su cumpleaños: ¿cuántas tarjetas tenemos que comprar?
- ¿En qué fechas nacieron?.

Solución:

```
SELECT COUNT (NUM_TELEFONO)
FROM CLIENTES;
SELECT DISTINCT EDAD
FROM CLIENTES;
SELECT NOMBRE, APELLIDOS
FROM CLIENTES;
SELECT COUNT (FECHA_NAC)
FROM CLIENTES;
SELECT DISTINCT FECHA_NAC
FROM CLIENTES;
```

Capítulo 2.6
Select + Where

En este capítulo:

> *1. Aprenderás a utilizar WHERE para limitar el conjunto de filas devueltas por una query de tipo SELECT.*
>
> *2. Utilizarás operadores simples como >, <, = junto con otros más complejos como BETWEEN, IN o IS NULL.*
>
> *3. Combinarás varios de ellos gracias a los operadores lógicos AND, NOT y OR.*

Buscar filas

Salvo en los ejemplos de LIMIT, todas las consultas que hemos visto en el capítulo anterior accedían al contenido completo de una tabla. Es decir, cuando consultábamos un subconjunto de columnas de la tabla **CLIENTES**, la base de datos nos devolvía la información de todas las filas.

Ésto no es problema cuando trabajamos con tablas con unos pocos registros, pero evidentemente es algo inviable si tenemos que manipular cientos, miles o millones de filas.

Además, no siempre querremos acceder a todos los datos. Piensa por ejemplo en la portada de un blog, lo normal no es que aparezcan todas las entradas del sitio web, sino las diez o veinte primeras. O si estamos viendo un post en concreto, lo normal es que se muestren sólo los comentarios de ese artículo.

Pues bien, para limitar el conjunto de filas a leer en una sentencia SELECT utilizaremos la cláusula WHERE después de la lista de tablas. Por ejemplo:

```
SELECT * FROM CLIENTES
WHERE NOMBRE = 'ANTONIO'
```

Lo que equivaldría a la pregunta:

"Busca toda la información de los CLIENTES cuyo NOMBRE sea ANTONIO".

Para construir la condición de filtrado utilizaremos comparaciones, operadores matemáticos y operadores lógicos. En los siguientes apartados encontrarás explicaciones y ejemplos de los más comunes.

Comparaciones simples

Lo más habitual es buscar filas en las que una o varias columnas cumplan una condición determinada de filtrado. Por ejemplo:

- Clientes con el NIF 23232323A.

- Productos con importe menor a 100 €.

- Películas de la categoría "Acción".

Para construirlas SQL dispone de los siguientes operadores simples:

OPERADOR	SIGNIFICADO	EJEMPLO	SIGNIFICADO
=	Igual	NIF = '23232323A'	Busca clientes con el NIF 23232323A
!= ó <>	Distinto	GENERO != 'Terror'	Busca películas que no sean de Terror
>	Mayor que	IMPORTE > 100	Busca productos con importe superior a 100 € (a partir de 101 €)
<	Menor que	IMPORTE < 50	Busca productos con importe menor a 50 € (hasta 49 €)
>=	Mayor o igual que	IMPORTE >= 100	Busca productos con importe de 100 € o superior
<=	Menor o igual que	IMPORTE <= 50	Busca productos con importe de 50 € o inferior

A tener en cuenta:

- Recuerda, cuando quieras utilizar cadenas de texto en una sentencia siempre debes delimitarlas por comillas simples.

- Las comparaciones "Mayor", "Menor", etc. numéricas se hacen de forma natural, es decir, los números menores son los negativos y los mayores los positivos.

- Normalmente la base de datos tiene en cuenta si un texto está en mayúsculas o minúsculas por lo que, por ejemplo, "Madrid" es diferente a "MADRID".

- Las columnas con valor nulo se descartan con estos operadores. Es decir, si buscamos clientes con edad mayor a 18 sólo obtendremos aquellos que tengan algún valor en edad y que además sea mayor a 18

• •

 EJERCICIO

Prueba a crear y ejecutar las siguientes consultas:

- Nombre de los clientes cuyo DNI sea 78665424D.
- DNI de los clientes cuyo DNI no sea 78665424D.
- Todos los datos de los clientes con nombre SILVIA.

- Número de clientes con más de 35 años.
- Clientes con más de 10 puntos ordenados de mayor a menor número de puntos.

Solución:

```
SELECT NOMBRE
FROM CLIENTES
WHERE DNI = '78665424D';
```

```
SELECT DNI
FROM CLIENTES
WHERE DNI != '78665424D';
```

```
SELECT *
FROM CLIENTES
WHERE NOMBRE = 'SILVIA';
```

```
SELECT COUNT (*)
FROM CLIENTES
WHERE EDAD > 35;
```

```
SELECT *
FROM CLIENTES
WHERE PUNTOS = 10
ORDER BY PUNTOS DESC;
```

• •

BETWEEN

Palabra clave que nos permite buscar filas en base a un rango de valores. Es equivalente al uso de los operadores <= y >= en la misma condición.

 **¡IMPORTANTE!**

columna BETWEEN *valor_1* AND *valor_2*

🔹 **columna**: columna numérica cuyo valor vamos a comparar.

🔹 BETWEEN

🔹 *valor_1*: límite inferior del rango. Valor mínimo que puede tener la columna para cumplir la condición.

🔹 AND

🔹 *valor_2*: límite superior del rango.

Para comprobar su funcionamiento ejecuta lo siguiente:

```
SELECT NOMBRE, EDAD
FROM CLIENTES
WHERE EDAD BETWEEN 32 AND 45
```

NOMBRE	EDAD
ROBERTO	32
LAURA	45

El primer valor debe ser siempre inferior al segundo. Si no es así la base de datos no nos devolverá ningún resultado. Puedes comprobarlo con la sentencia:

```
SELECT NOMBRE, EDAD
FROM CLIENTES
WHERE EDAD BETWEEN 45 AND 32
```

IN

Si lo que queremos es buscar un conjunto de valores (numéricos o no), en vez de utilizar varias veces la comparación "=" podemos utilizar IN cuya sintaxis es:

 **¡IMPORTANTE!**

columna IN (*valor_1, valor_2*)

🗨 **columna**: columna cuyo valor vamos a buscar.

🗨 IN

🗨 (*valor_1, valor_2*): conjunto de valores sobre los que se realiza la búsqueda.

```
SELECT NOMBRE, APELLIDOS
FROM CLIENTES
WHERE NOMBRE IN ('ANTONIO', 'SILVIA')
```

NOMBRE	APELLIDOS
ANTONIO	SÁNCHEZ CABALLERO
ANTONIO	SÁNCHEZ CABALLERO
SILVIA	ROMERO FERNÁNDEZ
ANTONIO	SÁNCHEZ CABALLERO

Operadores lógicos

Aunque es bastante común buscar filas en base a una única columna, muchas veces nos veremos obligados a realizar consultas que involucren varios atributos.

Piensa por ejemplo en cuando estás navegando por una tienda *on-line*. Lo normal es que quieras ver productos de una determinada categoría (Televisiones por ejemplo) con un precio máximo (900 €) y quizás restringir la búsqueda a tus marcas favoritas.

Para poder construir estas sentencias contamos con dos operadores lógicos: AND y OR. Ambos "unen" dos condiciones de la siguiente manera:

¡IMPORTANTE!

condición_1 AND / OR *condición_2*

- *condición_1*.

- AND / OR:
  - AND: deben cumplirse las dos condiciones. Por ejemplo: "Quiero buscar relojes con cronógrafo y acuáticos".
  - OR: sería suficiente con que se cumpliera una de las dos condiciones: "Quiero buscar relojes con cronógrafo o acuáticos".

- *condición_2*.

Veamos un ejemplo de cada caso:

```
SELECT NOMBRE, FECHA_NAC
FROM CLIENTES
WHERE NOMBRE = 'ANTONIO'
OR FECHA_NAC = '1968-06-05'
```

"Busca todos los clientes que se llamen ANTONIO o hayan nacido el 5 de Junio de 1968".

NOMBRE	FECHA_NAC
ANTONIO	NULL
ANTONIO	NULL
ANTONIO	*1968-06-05*

Se muestran tres registros. Los dos primeros sólo cumplen NOMBRE = 'ANTONIO' mientras que el tercero cumple las dos condiciones.

Sin embargo, si utilizamos AND:

```
SELECT NOMBRE, FECHA_NAC
FROM CLIENTES
WHERE NOMBRE = 'ANTONIO'
AND FECHA_NAC = '1968-06-05'
```

NOMBRE	FECHA_NAC
ANTONIO	1968-06-05

SQLite nos devuelve un registro ya que es el único que cumple las dos.

IS NULL

Operador utilizado para comprobar si un campo es nulo. Su sintaxis es muy simple:

 **¡IMPORTANTE!**

columna IS NULL

- **columna**: columna en la que haremos la comprobación.

- NULL

```
SELECT NOMBRE, DNI
FROM CLIENTES
WHERE DNI IS NULL
```

NOMBRE	DNI
ANTONIO	NULL
ANTONIO	NULL
HÉCTOR	NULL
LAURA	NULL
ANTONIO	NULL

NOT

Invierte el sentido de una condición y por lo tanto debe utilizarse en combinación con un operador simple (>, <, =...), complejo (IN, BETWEEN, IS NULL) o lógico (AND, OR).

OPERADOR	SINTAXIS	EJEMPLO
= != ó <> < > >= <=	NOT columna_1 operador columna_2	NOT EDAD > 18
BETWEEN IN	NOT operador	NOT IN ('Terror', 'Acción')
IS NULL	campo_1 IS NOT NULL	DNI IS NOT NULL

Prueba a ejecutar las siguientes sentencias y compara los resultados de la ejecución normal con la que utiliza la palabra NOT.

```
SELECT *
FROM CLIENTES
WHERE EDAD != 32;

SELECT *
FROM CLIENTES
WHERE NOT EDAD != 32;


SELECT *
FROM CLIENTES
WHERE EDAD BETWEEN 18 AND 25;

SELECT *
FROM CLIENTES
WHERE EDAD NOT BETWEEN 18 AND 25;


SELECT *
FROM CLIENTES
WHERE DNI IS NULL;

SELECT *
FROM CLIENTES
WHERE DNI IS NOT NULL;


SELECT *
FROM CLIENTES
WHERE NOMBRE IN ('ROBERTO', 'ANTONIO');

SELECT *
FROM CLIENTES
WHERE NOMBRE NOT IN ('ROBERTO', 'ANTONIO');
```

Uso de paréntesis

Antes de terminar este apartado vamos a complicar un poco más los ejemplos utilizando paréntesis. Al igual que en álgebra, su función es la de agrupar condiciones de manera que se evalúen primero de forma conjunta.

Por ejemplo:

```
SELECT NOMBRE, FECHA_NAC, EDAD
FROM CLIENTES
WHERE
(NOMBRE = 'ANTONIO' AND FECHA_NAC = '1968-06-05') OR
(NOMBRE != 'ANTONIO' AND EDAD > 40)
```

"Busca aquellos clientes que se llamen Antonio y hayan nacido el 5 de Junio de 1968 o que no se llamen Antonio y sean mayores de 40 años".

NOMBRE	FECHA_NAC	EDAD
LAURA	NULL	45
ANTONIO	1968-06-05	NULL

La primera fila cumple la condición "que no se llamen Antonio y sean mayores de 40 años" mientras que la segunda cumple "que se llamen Antonio y hayan nacido el 5 de Junio de 1968".

Es muy importante que los utilices en todas las sentencias que incluyan operadores AND y OR a la vez ya que de lo contrario podrías obtener resultados inesperados.

Para comprobarlo vamos a intentar buscar lo siguiente:

"Busca todos los clientes que no sean Roberto con número de socio = 1".

```
SELECT NOMBRE, NUM_SOCIO
FROM CLIENTES
WHERE
NOT (NOMBRE = 'ROBERTO' AND NUM_SOCIO = 1)
```

NOMBRE	NUM_SOCIO
ROBERTO	1
HÉCTOR	123
SILVIA	NULL
LAURA	NULL

Sin embargo, si escribimos la sentencia sin paréntesis no obtendremos ningún registro.

```
SELECT NOMBRE, FECHA_NAC
FROM CLIENTES
WHERE
NOT NOMBRE = 'ROBERTO' AND NUM_SOCIO = 1
```

Esto se debe a que al quitar el paréntesis, el operador NOT sólo afecta a la primera condición, es decir, lo que realmente estamos haciendo es:

```
SELECT *
FROM CLIENTES
WHERE NOMBRE != 'ROBERTO' AND NUM_SOCIO = 1
```

"Busca todos los clientes que no se llamen Roberto y tengan número de socio = 1".

¡Enhorabuena! Acabas de terminar una de las lecciones más complejas del curso. Ha sido duro pero gracias a ella ya estás listo para formular las preguntas más habituales que suelen hacerse a una base de datos.

• •

 EJERCICIO

Para finalizar prueba a escribir las siguientes sentencias:

- Número de clientes mayores de 30 años.
- Obtener clientes que se llamen Héctor o Laura, o que no se llamen ni Héctor ni Laura y además tengan el número de teléfono 679867456.
- Clientes con DNI 78665424D, número de socio mayor que 0 y edad mayor de 18 años.
- Número de clientes sin DNI.
- Clientes cuya edad esté entre los 10 y los 35 años y que hayan informado su e-mail al darse de alta.

Solución:

```
SELECT COUNT (*)
FROM CLIENTES
WHERE EDAD > 30;

SELECT *
FROM CLIENTES
WHERE
(NOMBRE IN ('HECTOR', 'LAURA')) OR
(NOMBRE NOT IN ('HECTOR', 'LAURA')
AND NUM_TELEFONO = 679867456);

SELECT *
FROM CLIENTES
WHERE DNI = '78665424D'
AND NUM_SOCIO > 0 AND EDAD > 18;

SELECT COUNT (*)
FROM CLIENTES
WHERE DNI IS NULL;

SELECT *
FROM CLIENTES
WHERE EDAD BETWEEN 10
AND 35 AND EMAIL IS NOT NULL;
```

• •

Capítulo 2.7
Join

En este capítulo:

1. Unirás los datos de varias tablas utilizando la sentencia JOIN.

2. Combinarás su uso con WHERE para crear consultas complejas.

Relacionando información

Hasta ahora todas las sentencias que hemos visto han afectado a una única tabla. Si bien esto es perfectamente normal a la hora de crearlas o modificarlas, no lo es tanto cuando hablamos de consultar información.

Las bases de datos nacieron para estructurar y organizar datos, por lo que si aparte de los relativos a nuestros clientes queremos mantener, por ejemplo, el historial de compras de cada uno de ellos, lo normal es que existan al menos dos tablas: una con los clientes y otra con las ventas.

Piensa ahora que necesitas obtener una relación de todas las ventas hechas en el mes junto con los números de DNI de los compradores. Con las palabras clave que has aprendido hasta ahora no tendrías más remedio que hacer dos consultas:

● Una a la tabla de **CLIENTES** para obtener el **DNI** de todos ellos.

● Otra al historial de compras.

Puede parecerte una buena opción ya que al fin y al cabo son sólo dos consultas pero ¿y si necesitases acceder a 5 tablas? ¿no sería mejor consultarlas todas a la vez? Pues bien, para unir varias tablas en una misma consulta SQL el lenguaje pone a nuestra disposición la palabra clave JOIN.

Como su nombre indica, esta sentencia permite unir dos tablas utilizando las columnas que necesitemos como "pegamento". Visualmente puede representarse de la siguiente forma:

Imagen 11: representación gráfica de un JOIN.

Supongamos que disponemos de las siguientes tablas:

Tabla **CLIENTE:**

NUM_SOCIO	DNI	NOMBRE
1	78665424D	ROBERTO SUÁREZ GIL
2	78665432Q	ANTONIO SÁNCHEZ CABALLERO
3	85691345U	LAURA MARÍN SÁNCHEZ

Tabla **VENTAS:**

NUM_SOCIO	FECHA	PRODUCTO	CANTIDAD
1	01/02/2015	Mesa de salón	1
1	02/02/2015	Silla	4
1	02/09/2015	Lámpara	4
2	02/10/2015	Alfombra	3

Como lo que queremos obtener es una lista de ventas junto con los **DNI** de los compradores, lo que realmente necesitamos es "pegar" en la tabla de **VENTAS** el **DNI** de **CLIENTES**.

Para ello tenemos que relacionar ambas tablas por al menos una columna que servirá de nexo de unión entre ellas. En el caso que nos ocupa sería **NUM_SOCIO**, presente tanto en la tabla de **CLIENTES** (para identificar a cada uno de ellos) como en la de **VENTAS** (para indicar qué cliente compró cada producto).

Por lo tanto, el JOIN consistiría en añadir a cada fila de la tabla de **VENTAS** el **DNI** del registro de **CLIENTE** que tenga el mismo valor en la columna **NUM_SOCIO**:

NUM_SOCIO	FECHA	PRODUCTO	CANTIDAD	DNI
1	01/02/2015	Mesa de salón	1	78665424D
1	02/02/2015	Silla	4	78665424D
1	02/09/2015	Lámpara	4	78665424D
2	02/10/2015	Alfombra	3	78665432Q

La lógica que SQLite sigue registro a registro es:

- 🔎 Busca en la tabla **CLIENTES** la fila con el mismo **NUM_SOCIO** de **VENTAS**.

- 🔎 Lee el atributo **DNI** y lo añade al resultado junto con el resto de datos de la fila de **VENTAS**.

Su sintaxis es la siguiente:

¡IMPORTANTE!

tabla_1 JOIN **tabla_2** ON *condición*

- **tabla_1**: tabla maestra del JOIN, es decir, a la que "pegamos" datos.

- JOIN

- **tabla_2**: tabla de la cual obtendremos los datos a añadir a **tabla_2**.

- ON

- *condición*: condición que deben cumplir dos filas para unirse. Normalmente una igualdad de columnas, es decir, **columna_1** = **columna_2**.

```
SELECT VENTAS.NUM_SOCIO,
    VENTAS.FECHA,
    VENTAS.PRODUCTO,
    VENTAS.CANTIDAD,
    CLIENTES.DNI
FROM VENTAS
JOIN CLIENTES ON
VENTAS.NUM_SOCIO = CLIENTES.NUM_SOCIO
```

Siguiendo esta sintaxis, la sentencia del ejemplo sería:

- Dado que utilizamos varias tablas debemos indicarle a SQLite el origen de cada columna ya que, por ejemplo, **NUM_SOCIO** está en ambas.

- Para ello añadimos el nombre de la tabla y un punto (.) como prefijo del nombre de la columna. Por ejemplo, "**VENTAS.NUM_SOCIO**" representa la columna **NUM_SOCIO** de la tabla **VENTAS**.

- La tabla "maestra" es la que aparece antes del JOIN y la de detalle, esto es, la que contiene datos adicionales, se especifica después.

- Aunque no es lo normal, la condición que va a continuación del ON puede ser todo lo complicada que necesitemos incluyendo operadores aritméticos, lógicos, paréntesis, etc.

Pero antes de empezar a practicar con la sentencia JOIN, es conveniente hacer un alto en el camino y detenernos en el uso de alias para simplificar y reducir las consultas que vamos a escribir a partir de ahora.

Uso de un alias para nombrar objetos

Como acabamos de ver, para indicarle a SQLite la tabla de la cual debe leer un dato podemos utilizar el nombre de ésta como prefijo.

Esto es práctico cuando los nombres son cortos y significativos o utilizamos pocas tablas y/o columnas, pero si su número aumenta o los nombres son muy extensos la cosa se complica.

Para reducir el tamaño de las consultas, SQL nos permite utilizar un **alias**, esto es, un nombre temporal que podemos asignar tanto a tablas como a columnas.

Su sintaxis es:

 **¡IMPORTANTE!**

tabla / columna AS alias

- **tabla / columna**: nombre del objeto al que le vamos a dar un **alias**.

- **AS**: palabra clave opcional, es decir, podemos asignar el **alias** sin utilizarla.

- **alias**: nombre temporal que asignamos al objeto.

Veamos un ejemplo sin alias y otro con ellos:

```
SELECT CLIENTES.NOMBRE, CLIENTES.APELLIDOS
FROM CLIENTES
```

Para reducir el tamaño de la sentencia podemos utilizar el alias "**C**":

```
SELECT C.NOMBRE, C.APELLIDOS
FROM CLIENTES C
```

Finalmente un ejemplo utilizando alias también en columnas y la palabra clave AS:

```
SELECT C.NOMBRE, C.APELLIDOS AS APELLIDO_COMPLETO
FROM CLIENTES C
```

NOMBRE	APELLIDO_COMPLETO
ROBERTO	SUÁREZ GIL
ANTONIO	SÁNCHEZ CABALLERO
ANTONIO	SÁNCHEZ CABALLERO
HÉCTOR	GARCÍA PASCUAL
SILVIA	ROMERO FERNÁNDEZ
LAURA	MARÍN SÁNCHEZ
ANTONIO	SÁNCHEZ CABALLERO

Como puedes observar en la rejilla de resultados, SQLite nos muestra los datos utilizando el nombre de columna **APELLIDO_COMPLETO** en vez de **APELLIDOS**.

Practicando la sentencia JOIN

Ahora vamos a ampliar nuestro modelo para poder hacer pruebas de uso de la sentencia.

En primer lugar daremos de alta nuevos clientes.

```
INSERT INTO CLIENTES (NUM_SOCIO, NOMBRE, DNI, EDAD)
VALUES (1000, 'JUAN','03498734R',25);

INSERT INTO CLIENTES (NUM_SOCIO, NOMBRE, DNI, EDAD)
VALUES (1001, 'MARÍA','40118730J',55);

INSERT INTO CLIENTES (NUM_SOCIO, NOMBRE, DNI, EDAD)
VALUES (1002, 'ROBERTO','345173900',27);
```

A continuación creamos la tabla de **VENTAS**:

```
CREATE TABLE VENTAS (
    NUM_SOCIO INTEGER (4),
    FECHA DATETIME,
    PRODUCTO TEXT (100),
    CANTIDAD INTEGER (4))
```

Finalmente insertamos varios registros de ejemplo.

```
INSERT INTO VENTAS (NUM_SOCIO, FECHA, PRODUCTO, CANTIDAD)
VALUES (1000, '2015-01-12', 'VELA', 5);

INSERT INTO VENTAS (NUM_SOCIO, FECHA, PRODUCTO, CANTIDAD)
VALUES (1000, '2015-02-14', 'VELA', 5);

INSERT INTO VENTAS (NUM_SOCIO, FECHA, PRODUCTO, CANTIDAD)
VALUES (1000, '2015-06-20', 'MARCO DE FOTOS', 2);

INSERT INTO VENTAS (NUM_SOCIO, FECHA, PRODUCTO, CANTIDAD)
VALUES (1001, '2015-02-18', 'MARCO DE FOTOS', 1);
```

```
INSERT INTO VENTAS (NUM_SOCIO, FECHA, PRODUCTO, CANTIDAD)
VALUES (1001, '2015-10-09', 'TAZA', 1);

INSERT INTO VENTAS (NUM_SOCIO, FECHA, PRODUCTO, CANTIDAD)
VALUES (1002, '2015-12-10', 'RELOJ DE PARED', 1);
```

Ahora que ya disponemos de tablas y datos podemos practicar. Empezaremos con el ejemplo del principio del capítulo, es decir: *"Todas las ventas junto con el DNI del comprador"*.

```
SELECT V.*, C.DNI
FROM VENTAS V
JOIN CLIENTES C ON V.NUM_SOCIO = C.NUM_SOCIO
```

Recuerda, "*" tras SELECT le indica a la BBDD que queremos leer todas las columnas. En el ejemplo utilizamos el prefijo V para obtener todas las de la tabla VENTAS.

NUM_SOCIO	FECHA	PRODUCTO	CANTIDAD	DNI
1000	12/01/2015	VELA	5	03498734R
1000	14/02/2015	VELA	5	03498734R
1000	20/06/2015	MARCO DE FOTOS	2	03498734R
1001	18/02/2015	MARCO DE FOTOS	1	40118730J
1001	09/10/2015	TAZA	1	40118730J
1002	10/12/2015	RELOJ DE PARED	1	345173900

Busquemos ahora el *"Nombre de los clientes que han comprado tazas"*. Para ello combinaremos JOIN con la cláusula WHERE:

```
SELECT C.NOMBRE
FROM VENTAS V
JOIN CLIENTES C ON V.NUM_SOCIO = C.NUM_SOCIO
WHERE V.PRODUCTO = 'TAZA'
```

NOMBRE
MARÍA

Al igual que a continuación de SELECT, debemos añadir el prefijo a las columnas que intervengan en la condición WHERE.

Supongamos ahora que necesitamos saber *"todos los datos de los socios que hayan comprado alguna vez"*.

```
SELECT DISTINCT C.*
FROM VENTAS V
JOIN CLIENTES C ON V.NUM_SOCIO = C.NUM_SOCIO
```

NOMBRE	APELLIDOS	DNI	DIRECCION	NUM_SOCIO
JUAN	NULL	03498734R	NULL	1000
MARÍA	NULL	40118730J	NULL	1001
ROBERTO	NULL	345173900	NULL	1002

Fíjate que no hemos tenido que hacer nada para seleccionar "que hayan comprado alguna vez". Esto es porque JOIN sólo muestra datos cuando se cumple la condición de unión y tal y como comentamos en el capítulo dedicado a WHERE, los valores vacíos nunca se tienen en cuenta en los operadores aritméticos =, >, <...

Esto hace que, por ejemplo, en la consulta sólo se seleccionen socios con ventas y ventas que tengan algún valor en **NUM_SOCIO**. Si alguna estuviese asociado a un cliente ajeno a la tabla de clientes, no se hubiera mostrado en la consulta anterior.

Y para finalizar, supongamos que lo que necesitamos es saber cuántos clientes mayores de 20 años han comprado marcos de fotos. Para ello añadiremos a la sentencia las palabras clave COUNT y DISTINCT.

```
SELECT COUNT (DISTINCT C.NUM_SOCIO) AS NUM_CLIENTES
FROM VENTAS V
JOIN CLIENTES C ON V.NUM_SOCIO = C.NUM_SOCIO
WHERE V.PRODUCTO = 'MARCO DE FOTOS'
AND C.EDAD > 20
```

NUM_CLIENTES
2

- En primer lugar cruzamos las tablas de ventas y clientes para asociar a cada uno los productos comprados.

- Filtramos el producto "marco de fotos" y la edad mayor de 20 años mediante la sentencia WHERE.

- Finalmente contamos los clientes diferentes con COUNT DISTINCT.

- Para mayor legibilidad del resultado, utilizamos el alias "**NUM_CLIENTES**".

EJERCICIO

Escribe las siguientes consultas SQL:

- DNI de los clientes que hayan comprado velas.
- Número de clientes menores de 50 años que hayan comprado relojes de pared.
- Número de compras hechas por clientes mayores de 25 años.

Solución:

```
SELECT DISTINCT (C.DNI)
FROM VENTAS V
JOIN CLIENTES C ON V.NUM_SOCIO = C.NUM_SOCIO
WHERE V.PRODUCTO = 'VELA';

SELECT COUNT (DISTINCT C.NUM_SOCIO) AS NUM_CLIENTES
FROM VENTAS V
JOIN CLIENTES C ON V.NUM_SOCIO = C.NUM_SOCIO
WHERE V.PRODUCTO = 'RELOJ DE PARED'
AND EDAD < 50;

SELECT COUNT (*) AS NUM_VENTAS
FROM VENTAS V
JOIN CLIENTES C ON V.NUM_SOCIO = C.NUM_SOCIO
WHERE EDAD < 25;
```

Capítulo 2.8
Union y Except

En este capítulo:

1. Unirás los resultados de varias consultas mediante la cláusula UNION.

2. Aprenderás la diferencia que existe entre UNION y UNION ALL.

3. Utilizarás EXCEPT para restar resultados.

Suma de resultados: UNION

Supongamos que hemos construido una base de datos para un negocio que tiene tanto tienda física como tienda online y que los hemos separado en dos tablas independientes.

Si queremos obtener un listado de las personas que se han dado de alta en ambos negocios, podemos utilizar la sentencia JOIN que visualmente puede representarse como la intersección de dos conjuntos:

Imagen 12: representación de la operación JOIN.

El resultado serán por lo tanto aquellos clientes que estén en las dos tablas.

Imaginemos ahora que lo que queremos obtener es una lista con todos los clientes, independientemente de dónde se hayan dado de alta. Para ello tenemos que "sumar" el contenido de dos consultas: la de los clientes de la tienda física y las del portal web, lo que visualmente puede representarse como:

Imagen 13: representación gráfica de un UNION.

Para realizar esta operación, SQL dispone de la palabra clave UNION cuya sintaxis es:

> ### 🗨️ ¡IMPORTANTE!
>
> *consulta_1* UNION / UNION ALL
> *consulta_2* UNION / UNION ALL
> *consulta_n*
>
> - *consulta_1*: consulta SQL a una o varias tablas. Debe tener las mismas co-
>   lumnas que el resto
>
> - UNION / UNION ALL:
>   - UNION: Suma el resultado de las consultas aplicando un DISTINCT, es
>   decir, si un mismo elemento está en varias consultas, sólo aparece una
>   vez en el resultado final.
>   - UNION ALL: Suma los resultados.
>
> - *consulta_1, consulta_n*: consulta SQL a una o varias tablas. Deben tener las
>   mismas columnas que el resto de consultas

Vamos a crear una nueva tabla de clientes web en nuestra base de datos y la poblare-
mos con registros de ejemplo:

```
CREATE TABLE CLIENTES_WEB (
NUM_SOCIO INTEGER (4),
NOMBRE TEXT (40),
DNI TEXT (9));
INSERT INTO CLIENTES_WEB VALUES (1000, 'JUAN', '03498734R');
INSERT INTO CLIENTES_WEB VALUES (1006, 'AINHOA', '29401459I');
INSERT INTO CLIENTES_WEB VALUES (1001, 'MARÍA', '40118730J');
```

Para obtener una lista con todos los clientes podemos ejecutar:

```
SELECT NUM_SOCIO, DNI, NOMBRE FROM CLIENTES
UNION ALL
SELECT NUM_SOCIO, DNI, NOMBRE FROM CLIENTES_WEB
```

Como podrás ver en la rejilla de resultados, los socios 1000 y 1001 aparecen dos veces porque están dados de alta tanto en **CLIENTES** como en **CLIENTES_WEB**. Sin embargo, si utilizamos la sentencia UNION sólo aparecerán una vez ya que ésta se encarga de eliminar duplicados en los resultados:

```
SELECT NUM_SOCIO, DNI, NOMBRE FROM CLIENTES
UNION
SELECT NUM_SOCIO, DNI, NOMBRE FROM CLIENTES_WEB
```

Resta de resultados: EXCEPT

Supongamos ahora que lo que queremos obtener es una lista de clientes de la tienda física que aún no se han registrado en el comercio *on-line* para, por ejemplo, enviarles algún tipo de descuento que les motive a entrar en la web. Para ello lo lógico sería restar a los clientes de la tienda los que también se han registrado por internet, es decir:

Imagen 14: representación de la operación EXCEPT.

El resultado sería la porción oscura del conjunto "**CLIENTES TIENDA**".

SQL permite realizar esta operación con la sentencia EXCEPT (o MINUS como se denomina a esta operación en otras bases de datos) cuya sintaxis es muy similar a la de UNION:

¡IMPORTANTE!

consulta_1 EXCEPT
consulta_2 EXCEPT
consulta_n

- *consulta_1*: consulta SQL a una o varias tablas. Debe tener las mismas columnas que el resto

- EXCEPT: resta de los resultados.

- *consulta_2, consulta_n*: consulta SQL a una o varias tablas. Deben tener las mismas columnas que el resto de consultas

Para realizar la operación del ejemplo debemos ejecutar:

SELECT **NUM_SOCIO, DNI, NOMBRE** FROM **CLIENTES**
EXCEPT
SELECT **NUM_SOCIO, DNI, NOMBRE** FROM **CLIENTES_WEB**

NUM_SOCIO	DNI	NOMBRE
NULL	NULL	ANTONIO
NULL	NULL	LAURA
NULL	78665432Q	SILVIA
1	78665424D	ROBERTO
123	NULL	HÉCTOR
1002	345173900	ROBERTO

Capítulo 2.9
Update y Delete

En este capítulo:

1. *Aprenderás a modificar los valores de las filas que ya existen en la base de datos mediante la sentencia* UPDATE.

2. *Borrarás registros concretos de una tabla utilizando la palabra clave* DELETE.

3. *Aceptarás o descartarás los cambios con* COMMIT *y* ROLLBACK.

4. *Gestionarás transacciones con la palabra clave* BEGIN TRANSACTION.

Modificando el contenido de la base de datos

Aparte de almacenar y consultar información, una base de datos debe permitirnos modificar las filas que ya están guardadas en las tablas. Por ejemplo, piensa en cuando cambias los datos de envío en alguna tienda on-line o en cuando actualizas el número de tarjeta.

Para realizar estas operaciones SQL cuenta con los operadores UPDATE (modificar) y DELETE (eliminar) que normalmente se utilizan en combinación con la palabra clave WHERE ya que para alterar o eliminar algún dato primero debemos localizarlo.

Este matiz es importante ya que si bien al insertar registros no hay riesgo de modificar nada, si cometemos un error al seleccionarlos en un borrado o actualización, podemos perder información.

Para minimizar este riesgo las bases de datos implementan un mecanismo que se denomina "transacción" y que básicamente consiste en el hecho de que cualquier modificación hecha con INSERT, UPDATE y DELETE debe confirmarse con el comando COMMIT para que sea efectiva.

Este comando es el que se ejecuta cuando pulsamos la opción "Write Changes" de SQLite.

Por otro lado, si nos equivocamos podemos utilizar la sentencia ROLLBACK que hace justo lo contrario: deshace los cambios correspondiéndose por lo tanto con la opción "Revert Changes".

Antes de continuar y para evitar accidentes es recomendable hacer una copia de seguridad del archivo de la base de datos (*MITIENDA.sqlite3*).

DELETE

La sintaxis para eliminar filas de una base de datos es:

 **¡IMPORTANTE!**

DELETE FROM **tabla** <WHERE>

- 🗨 DELETE FROM: le indicamos a la base de datos que vamos a borrar registros.
- 🗨 **tabla**: tabla afectada.
- 🗨 WHERE: condición de búsqueda que deben cumplir los registros. Es opcional pero si no la especificamos se eliminarán todos los registros de la tabla.

Vamos a comprobar el funcionamiento de esta sentencia. En primer lugar contamos los registros de la tabla **CLIENTES**:

SELECT COUNT (*) FROM **CLIENTES**

En nuestro caso el resultado es 10. A continuación borramos los que no tienen DNI.

DELETE FROM **CLIENTES** WHERE **DNI** IS NULL

Ahora volvemos a contar los registros de la tabla. El resultado es 5.

A continuación probamos a eliminar aquellos que tienen más de 30 años.

DELETE FROM **CLIENTES** WHERE **EDAD** > *30*

En la tabla quedan 3 filas.

Finalmente borramos todos los registros restantes con lo que la tabla quedaría vacía.

DELETE FROM **CLIENTES**

Tal y como hemos visto al principio, para descartar todos estos cambios podemos utilizar la sentencia ROLLBACK. Simplemente escríbela en el editor de SQL y ejecútala.

Si ahora vuelves a consultar la tabla **CLIENTES** verás que vuelve a tener 10 filas.

UPDATE

El funcionamiento es muy similar al de DELETE pero en esta sentencia, aparte de localizar los registros a modificar, debemos especificar los nuevos valores.

 **¡IMPORTANTE!**

UPDATE **tabla** SET **asignaciones** <WHERE>

- UPDATE: instrucción que le indica a la base de datos que vamos a modificar registros.

- **tabla**: tabla en la cual vamos a realizar los cambios.

- SET

- **asignaciones**: parejas columna = valor separadas por coma mediante las que indicamos los nuevos valores de los atributos de la tabla. Los valores pueden ser fijos (un número, texto, etc.), operaciones (como por ejemplo sumar 10 a una cantidad) o incluso pueden referirse a otras columnas de la misma fila.

- WHERE: al igual que en DELETE es opcional pero si no añadimos ninguna condición se modificarán todos los registros de la tabla.

Vamos a asignar el número 0 a todos aquellos clientes que no tengan número de socio.

UPDATE **CLIENTES** SET **NUM_SOIO** = *0*
WHERE **NUM_SOCIO** IS NULL;

SELECT **NOMBRE, NUM_SOCIO** FROM **CLIENTES**;

NOMBRE	NUM_SOCIO
ROBERTO	1
ANTONIO	0
ANTONIO	0
HÉCTOR	123

Y para terminar, volvemos a descartar los cambios.

Transacciones

En **DB BROWSER FOR SQLITE** el funcionamiento de UPDATE es un tanto diferente al de DELETE ya que si bien es necesario realizar COMMIT o pulsar en el botón "Write Changes" para aceptar los cambios, éstos también se graban si hacemos un segundo UPDATE.

Es decir, ejecutar dos sentencias UPDATE seguidas equivale a ejecutar UPDATE + COMMIT + UPDATE.

Para poder controlar adecuadamente qué cambios se graban en la base de datos y cuáles no debemos hacer uso del mecanismo de transacciones.

Una transacción es un conjunto de instrucciones de modificación (INSERT, UPDATE...) que se ejecutan en bloque en el sentido de que o bien se aplican todas (COMMIT) o bien se descartan todas (ROLLBACK).

La sintaxis es:

 **¡IMPORTANTE!**

BEGIN TRANSACTION
sentencias SQL
COMMIT / ROLLBACK

🔊 BEGIN TRANSACTION: marcamos el inicio del bloque de instrucciones.

🔊 *sentencias SQL*: querys de modificación separadas por punto y coma ";"

🔊 COMMIT / ROLLBACK: para finalizar, aceptamos o descartamos los cambios.

 **EJERCICIOS**

Para comprobar el funcionamiento de esta funcionalidad vamos a probar a realizar las siguientes operaciones:

- Sumar 5 a la edad de todos los clientes.
- Sumar 100 puntos a todos los clientes que no tengan ninguno y sean mayores de 30 años.
- Contar clientes con al menos 1 punto.
- Descartar los cambios.
- Contar de nuevo clientes con al menos 1 punto.

Solución:

```
BEGIN TRANSACTION;
UPDATE CLIENTES SET EDAD = EDAD + 5;
UPDATE CLIENTES SET PUNTOS = 100
WHERE PUNTOS IS NULL AND EDAD > 30;
SELECT COUNT (*) FROM CLIENTES WHERE PUNTOS >= 1;
ROLLBACK;
SELECT COUNT (*) FROM CLIENTES
WHERE PUNTOS >= 1;
```

En el primer conteo obtendremos 4 clientes y en el segundo, tras descartar los cambios, 2.

Importante, si al ejecutar BEGIN TRANSACTION *recibes el siguiente error:*

cannot start a transaction within a transaction: BEGIN TRANSACTION;

Significa que ya hay una transacción abierta. Ejecuta un ROLLBACK *y vuelve a empezar. Debería funcionar sin problemas.*

• • • • • • • • • • • • • • • • • •

Intenta construir sentencias que resuelvan los siguientes ejemplos. Para evitar riesgos, por favor, empieza todas con BEGIN TRANSACTION, finaliza con ROLLBACK y ejecútalas línea a línea.

- Borrar clientes sin número de socio.
- Asignar a los clientes tantos puntos como el número de socio que tengan.
- Asignar a la columna **NUM_TELEFONO** el valor de **NUM_TELEFONO_FIJO** si el primero está vacío.
- Asignar el número de socio 23 al cliente con DNI 78665432Q.

Solución:

```
BEGIN TRANSACTION;
DELETE FROM CLIENTES WHERE NUM_SOCIO IS NULL;
SELECT * FROM CLIENTES;
ROLLBACK;


BEGIN TRANSACTION;
UPDATE CLIENTES SET PUNTOS = NUM_SOCIO;
SELECT * FROM CLIENTES;
ROLLBACK;
```

```
BEGIN TRANSACTION;
UPDATE CLIENTES SET NUM_TELEFONO = NUM_TELEFONO_FIJO;
WHERE NUM_TELEFONO IS NULL;
SELECT * FROM CLIENTES;
ROLLBACK;


BEGIN TRANSACTION;
UPDATE CLIENTES SET NUM_SOCIO = 23 WHERE DNI = '78665432Q';
SELECT * FROM CLIENTES;
ROLLBACK;
```

• •

Capítulo 2.10
Resumen del segundo día

Resumimos

Un día duro pero que sin duda ha merecido la pena.

Has adquirido la base suficiente ya no sólo para gestionar y realizar consultas sencillas a una base de datos, si no para profundizar en operaciones más complejas como, por ejemplo, las funciones de agregación que veremos en próximos capítulos.

Empezamos la jornada con los fundamentos del lenguaje: palabras clave, operadores, tipos de datos, etc. imprescindibles para poder escribir sentencias SQL.

A continuación aprendiste a crear, modificar y eliminar tablas generando además algunas de ejemplo que estás utilizando a lo largo de todo el curso.

Tras insertar registros y crear claves primarias que los identifican de forma unívoca, aprendiste a buscar información, que es sin duda la operación fundamental y que más veces realizarás sobre una base de datos.

Poco a poco las consultas se fueron complicando: en primer lugar añadiendo condiciones para buscar registros concretos y a continuación utilizando varias tablas para obtener resultados complejos.

Y para finalizar has aprendido a borrar y modificar contenido en base a condiciones de búsqueda.

Día 3

¡Enhorabuena! Has llegado a la recta final del curso.

Ya sabes lo imprescindible para afrontar pequeños proyectos como el que desarrollarás en la segunda mitad de esta jornada, pero todavía quedan un par de palabras clave que debes aprender para poder decir que conoces lo fundamental del lenguaje SQL.

La jornada de hoy está dividida en dos partes. En la primera aprenderás estas nuevas funciones del lenguaje y en la segunda crearás todas las sentencias necesarias para gestionar un blog básico.

Capítulo 3.1
Funciones

En este capítulo:

> *1. Aprenderás qué es una función de SQL.*
>
> *2. Sumarás valores y obtendrás mínimos y máximos mediante SUM, MIN y MAX.*
>
> *3. Utilizarás CAST para cambiar el formato de las columnas.*
>
> *4. Modificarás textos mediante funciones de SQLite.*

¿Qué son las funciones?

SQL es un lenguaje muy limitado. En realidad el conjunto de palabras clave que lo forman apenas si permiten realizar las operaciones más básicas.

Si lo que necesitamos es hacer algo más complejo como sumar el total de puntos de nuestros clientes o buscar el NIF del más antiguo, necesitamos algún mecanismo que nos permita realizar estas búsquedas.

Para solucionar estos problemas nacieron las funciones, nuevas sentencias que permiten realizar operaciones más o menos sofisticadas.

Éstas son propias de cada base de datos y si bien existe un conjunto que podríamos denominar estándar, cada producto implementa las suyas propias. Debido a esto, lo primero que debemos hacer al empezar a programar es revisar la documentación para ver cuáles están definidas en el motor que hayamos elegido.

SUM

Una de las más utilizadas y por lo tanto presente en la inmensa mayoría de bases de datos. Su sintaxis es:

¡IMPORTANTE!

SUM (columna)

🗨 SUM

🗨 **columna**: columna cuyos valores se van a sumar.

Evidentemente esta función sólo tiene sentido cuando la aplicamos a columnas numéricas.

Por ejemplo, para obtener el total de puntos simplemente deberíamos ejecutar:

```
SELECT SUM (PUNTOS) AS PUNTOS_TOTALES
FROM CLIENTES
```

Podemos combinarla con otros operadores para realizar cálculos más complejos. Por ejemplo, vamos a calcular la edad media de nuestros clientes:

```
SELECT SUM (EDAD) AS EDAD,
    COUNT (EDAD) AS NUM_CLIENTES,
    (SUM (EDAD) / COUNT (EDAD)) AS EDAD_MEDIA
FROM CLIENTES
```

EDAD	NUM_CLIENTES	EDAD_MEDIA
184	5	36

No, no has cometido ningún error al escribir la sentencia: el resultado que nos muestra SQLite es "erróneo". Lo entrecomillo porque desde la perspectiva de la base de datos el resultado es correcto; la imprecisión se debe a los tipos de datos que estamos utilizando.

Si comprobamos la estructura de la tabla **CLIENTES** mediante la pestaña "Database Structure", veremos que el tipo de la columna **EDAD** es INTEGER y obviamente el resultado de la función COUNT (**EDAD**) también es un número entero.

Recuerda que en los primeros capítulos, donde se especifican los tipos admitidos por SQLite, dijimos que un INTEGER es un número entero. Pues bien, el motivo por el que la media calculada no tiene decimales es que estamos dividiendo dos números enteros y por coherencia SQLite utiliza INTEGER para mostrar el resultado de la operación.

Es bastante común que necesitemos adaptar los formatos para realizar ciertas operaciones, por lo que todas las bases de datos incluyen funciones que nos permiten convertir un número entero en uno decimal y viceversa. En el caso de SQLite es CAST.

CAST

Para calcular correctamente la edad media debemos convertir al menos un operando en REAL ya que por norma si SQLite detecta que uno de los factores es un número con decimales, devolverá el resultado con decimales.

```
SELECT
(SUM (CAST (EDAD AS REAL))
/
COUNT (EDAD)) AS EDAD_MEDIA
FROM CLIENTES
```

EDAD_MEDIA
36,8

MIN y MAX

Calculan el mínimo y el máximo respectivamente de un conjunto de valores.

Vamos a buscar la edad del cliente más joven y la del más mayor, todo en la misma sentencia:

```
SELECT MIN (EDAD), MAX (EDAD)
FROM CLIENTES
```

Si todo ha ido bien el resultado será 25 como mínimo y 55 como máximo.

Manipulación de textos

Las tres funciones que hemos visto hasta ahora se engloban bajo la tipología *"funciones de agregación"* es decir, su objetivo es obtener un resultado a partir de un conjunto de datos.

Tanto en SQLite como en el resto de bases de datos existen muchas más que permiten realizar otras tareas siendo las que manipulan textos las siguientes en importancia.

En nuestra tabla **CLIENTES** todos los nombres están en mayúsculas así que ¿qué podríamos hacer si necesitásemos mostrarlos en minúsculas? o por ejemplo ¿cómo podríamos extraer la letra de los NIF para comprobar que es correcta?

- **UPPER** y **LOWER**: modifican un texto convirtiéndolo en mayúsculas o en minúsculas respectivamente. Su sintaxis es:

 **¡IMPORTANTE!**

UPPER (columna) / LOWER (columna)

- UPPER / LOWER

- **columna**: columna cuyo texto queremos modificar.

```
SELECT LOWER (NOMBRE) AS NOMBRE,
    UPPER (DIRECCION) AS DIRECCION
FROM CLIENTES WHERE DIRECCION IS NOT NULL
```

Para SQLite una letra mayúscula es diferente a una minúscula por lo que es imprescindible utilizar estas funciones para buscar textos. Prueba a ejecutar lo siguiente:

```
SELECT * FROM CLIENTES
WHERE NOMBRE = 'Roberto'
```

```
SELECT * FROM CLIENTES
WHERE NOMBRE = UPPER ('Roberto')
```

Dado que los nombres están almacenados en mayúsculas, sólo obtendremos resultado en la segunda sentencia.

🔴 **SUBSTR**: permite "extraer" un trozo de una cadena de texto y por lo tanto es la que tendrías que utilizar para, por ejemplo, identificar la letra de un NIF. Su sintaxis es:

 **¡IMPORTANTE!**

SUBSTR *(texto, inicio, tamaño)*

🔴 SUBSTR

🔴 *texto*: texto o columna sobre la que vamos a aplicar la función.

🔴 *inicio*: posición de inicio para obtener la porción de texto. Si es 1 o más empezamos a contar por la izquierda. Si es -1 o menos, por la derecha.

🔴 *tamaño*: número de letras a recoger a partir del inicio. Si es una cifra positiva cuenta hacia la derecha, si es negativa hacia la izquierda. Si no informamos este parámetro, SQLite extraerá todas las letras desde la posición de inicio al final del texto.

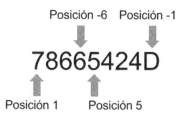

Posición -6   Posición -1

78665424D

Posición 1   Posición 5

Imagen 15: ejemplo de qué significa una posición positiva y una negativa.

Vamos a probar todas las opciones con una serie de ejemplos partiendo del DNI del cliente 1 (78665424D).

Partimos de la tercera posición y recogemos un carácter.

```
SELECT DNI, SUBSTR (DNI,3, 1) AS NUMERO
FROM CLIENTES
WHERE NUM_SOCIO = 1
```

DNI	NUMERO
78665424D	6

Empezamos en la tercera posición y no leemos ninguna letra.

```
SELECT DNI, SUBSTR (DNI,3,0) AS NUMERO
FROM CLIENTES
WHERE NUM_SOCIO = 1
```

No obtenemos ningún resultado.

Dos letras anteriores a la que está situada en tercera posición.

```
SELECT DNI, SUBSTR (DNI,3,-2) AS NUMERO
FROM CLIENTES
WHERE NUM_SOCIO = 1
```

Desde la tercera letra hasta el final.

```
SELECT DNI, SUBSTR (DNI,3) AS NUMERO
FROM CLIENTES
WHERE NUM_SOCIO = 1
```

🔍 **Unir textos**: la última función que vamos a aprender en este capítulo es la que nos permite unir varios textos en una sola variable. Por ejemplo, para mostrar el nombre completo de un cliente en una página web lo que tenemos que hacer es añadir al **NOMBRE** el contenido de la columna **APELLIDOS**.

En SQLite no existe función específica. En su lugar podemos utilizar el operador "||". Por ejemplo:

```
SELECT NOMBRE || ' ' || APELLIDOS AS NOMBRE_COMPLETO
FROM CLIENTES WHERE NUM_SOCIO = 1
```

NOMBRE_COMPLETO
ROBERTO SUÁREZ GIL

Podemos intercalar cualquier texto. Por ejemplo, para mostrar los **APELLIDOS**, una coma y luego el **NOMBRE** podríamos ejecutar:

```
SELECT APELLIDOS || ' , ' || NOMBRE AS NOMBRE_COMPLETO
FROM CLIENTES WHERE NUM_SOCIO = 1
```

Capítulo 3.2
Group by

En este capítulo:

> *1. Crearás agregados parciales mediante la palabra clave GROUP BY.*
>
> *2. Filtrarás los resultados utilizando la cláusula HAVING.*

Cálculo de subtotales

En el capítulo anterior vimos funciones que realizan operaciones sobre un conjunto de datos: SUM, MIN, MAX...

Si bien no tienen limitación en cuanto al número de registros tratados (pueden ser todos los de una tabla o un subconjunto de la misma) sí que existe limitación en los resultados, ya que sólo obtenemos uno que engloba todas las filas de la consulta.

Imagina que necesitas averiguar el número de compras realizadas por cada cliente. La única manera de hacerlo sería ejecutando una sentencia SELECT por cada uno de ellos, lo cual obviamente ni es práctico ni viable en bases de datos grandes.

Para realizar estas operaciones SQL dispone de la palabra clave GROUP BY, la cual permite obtener subtotales en base a un criterio de agrupación. Su sintaxis es:

 ¡IMPORTANTE!

SELECT **col_agrupacion_1**, **col_agrupacion_n**, funcion_1, funcion_n
[...]
GROUP BY **col_agrupacion_1**, **col_agrupacion_n**

- SELECT

- **col_agrupacion_x**: columnas para cuyos valores se generarán subtotales. Por ejemplo, si la columna es sólo el **NUM_SOCIO** de la tabla **VENTAS**, se generarán resultados para cada socio. Si por el contrario las columnas son **NUM_SOCIO** y **PRODUCTO**, se calcularán valores para cada pareja de socio y producto.

- funcion_x: cualquier función de agregación: SUM, COUNT, MIN...

- [...]: Resto de la sentencia incluyendo JOIN, WHERE, etc.

- GROUP BY

- **col_agrupacion_x**: tras la palabra clave de agrupación debemos incluir los mismos campos clave de agregación que en la parte del SELECT.

Vamos a averiguar cuántas compras ha realizado cada socio:

```
SELECT NUM_SOCIO, COUNT (*) AS NUMERO
FROM VENTAS GROUP BY NUM_SOCIO
```

NUM_SOCIO	NUMERO
1000	3
1001	2
1002	1

Ahora vamos a construir una consulta para calcular cuántas veces han adquirido cada producto y en qué cantidad total.

```
SELECT NUM_SOCIO,
       PRODUCTO,
       COUNT (*) AS NUM_VECES,
       SUM (CANTIDAD) AS NUM_UNIDADES
FROM VENTAS
GROUP BY NUM_SOCIO, PRODUCTO
```

NUM_SOCIO	PRODUCTO	NUM_VECES	NUM_UNIDADES
1000	MARCO DE FOTOS	1	2
1000	VELA	2	10
1001	MARCO DE FOTOS	1	1
1001	TAZA	1	1
1002	RELOJ DE PARED	1	1

Podemos ver por ejemplo que el socio 1000 ha realizado dos compras de velas adquiriendo 10 unidades en total.

Seleccionar grupos

Mientras que con WHERE podemos filtrar las filas que se tienen en cuenta en la sentencia, con HAVING seleccionaremos los subtotales a mostrar.

Siempre se coloca después de GROUP BY y su sintaxis es:

Por ejemplo, para mostrar aquellos socios que han hecho dos o más compras podemos ejecutar lo siguiente:

```
SELECT NUM_SOCIO,
       COUNT (*) AS NUM_COMPRAS
FROM VENTAS
GROUP BY NUM_SOCIO
HAVING COUNT (*) >= 2
```

NUM_SOCIO	NUM_COMPRAS
1000	3
1001	2

Y para terminar buscaremos productos que se hayan comprado más de una vez y que su venta mínima sea igual o mayor a tres unidades:

```
SELECT PRODUCTO
FROM VENTAS
GROUP BY PRODUCTO
HAVING COUNT (*) > 1 AND MIN (CANTIDAD) >= 3
```

PRODUCTO
VELA

Capítulo 3.3
Subconsultas

En este capítulo:

> *1. Crearás consultas a partir de los resultados de otras sentencias.*
>
> *2. Las utilizarás para insertar, modificar o borrar filas.*

Respondiendo a preguntas difíciles

Una subconsulta es una query anidada dentro de otra sentencia SQL. Puede utilizarse para realizar búsquedas complejas o para otras operaciones como, por ejemplo, insertar en una tabla el resultado de una sentencia SELECT.

Probablemente ahora te resulte difícil pensar en una situación donde lo necesites, pero la verdad es que su uso es muy habitual ya que nos da mucha flexibilidad a la hora de realizar preguntas a la base de datos.

Por ejemplo, ¿cómo podríamos buscar todos los clientes que han hecho más compras que el **NUM_SOCIO** = 1001?

Con lo que has aprendido hasta ahora la única solución es ejecutar dos querys: en la primera calcularías las veces que ha comprado el cliente 1001 y en la segunda buscarías todos los que lo hayan hecho en más ocasiones.

```
SELECT COUNT (*)
FROM VENTAS
WHERE NUM_SOCIO = 1001
```

El resultado es "2".

```
SELECT NUM_SOCIO, COUNT (*) AS NUM_COMPRAS
FROM VENTAS
GROUP BY NUM_SOCIO
HAVING COUNT (*) > 2
```

El único cliente que ha acudido más veces a la tienda (3 en concreto) es el número 1000.

Utilizando subconsultas la query podría expresarse de la siguiente manera:

```
SELECT NUM_SOCIO, COUNT (*) AS NUM_COMPRAS
FROM VENTAS
GROUP BY NUM_SOCIO
HAVING COUNT (*) >
    (SELECT COUNT (*) FROM VENTAS
    WHERE NUM_SOCIO = 1001)
```

NUM_SOCIO	NUM_COMPRAS
1000	3

Para escribir una *subquery* lo único que tenemos que hacer es rodearla entre paréntesis "()".

Anidación de consultas SQL

En el ejemplo la subconsulta genera un único valor, pero también podemos trabajar con otras que devuelvan varios registros y que éstos a su vez se utilicen en una query posterior.

¿Cómo obtendríamos las compras de todos aquellos clientes que hayan hecho más que el **NUM_SOCIO** = 1001?

Las operaciones a realizar son:

● Obtener el número de compras del socio 1001:

```
SELECT COUNT (*)
FROM VENTAS
WHERE NUM_SOCIO = 1001
```

● Buscar los socios que hayan realizado más:

```
SELECT NUM_SOCIO
FROM VENTAS
GROUP BY NUM_SOCIO
HAVING COUNT (*) >
    (SELECT COUNT (*) FROM VENTAS
    WHERE NUM_SOCIO = 1001)
```

● Consultar la tabla de ventas para esos socios:

```
SELECT * FROM VENTAS WHERE NUM_SOCIO IN
    (SELECT NUM_SOCIO
    FROM VENTAS
    GROUP BY NUM_SOCIO
    HAVING COUNT (*) >
        (SELECT COUNT (*) FROM VENTAS
        WHERE NUM_SOCIO = 1001))
```

NUM_SOCIO	FECHA	PRODUCTO	CANTIDAD
1000	2015-01-12	VELA	5
1000	2105-02-14	VELA	5
1000	2015-06-20	MARCO DE FOTOS	2

Inserción masiva de registros

Aparte de para realizar búsquedas complejas, podemos utilizar *subquerys* para insertar varios registros a la vez en una tabla de la base de datos.

Por ejemplo, imaginemos que nos va bien en nuestra tienda física y que vamos a dar el salto al comercio *on-line*. Para gestionarlo creamos nuevas tablas para los clientes, las ventas, etc. pero queremos que todos aquellos que ya están registrados en la tienda lo estén también para comprar por internet.

Una alternativa sería crear las sentencias INSERT a partir del contenido de **CLIENTE** lo cual sólo es viable si el número de usuarios es reducido.

La mejor opción es hacer una consulta a la tabla de clientes e insertar el resultado en la nueva. La sintaxis es:

 **¡IMPORTANTE!**

INSERT INTO **nombre_tabla (columnas)** *subconsulta*

- INSERT INTO

- **nombre_tabla**: nombre de la tabla donde vamos a almacenar datos.

- **(columna_1, columna_n)**: nombres de las columnas separados por comas donde queremos guardar los valores. Opcional.

- *subconsulta*: sentencia SQL cuyo resultado se insertará en "**nombre_tabla**". Si se especifican columnas debe devolver tantas como las indicadas, si no, debe recuperar las mismas columnas y tipos que las de la tabla destino. En SQLite la subquery no puede rodearse de paréntesis "()" (lo normal en otros motores de base de datos es que sí sea necesario).

Vamos a dar de alta en **CLIENTES_WEB** todos los de la tabla **CLIENTES** que no estén ya habilitados para el comercio *on-line*:

SELECT COUNT (*) FROM **CLIENTES_WEB**

El resultado es 3.

```
INSERT INTO CLIENTES_WEB (NUM_SOCIO, NOMBRE, DNI)
SELECT NUM_SOCIO, NOMBRE, DNI
FROM CLIENTES
WHERE NUM_SOCIO NOT IN
(SELECT NUM_SOCIO FROM CLIENTES_WEB)

SELECT COUNT (*) FROM CLIENTES_WEB
```

Si todo ha ido bien el resultado será 6.

Capítulo 3.4
Vistas

En este capítulo:

1. Generarás vistas a partir de sentencias SQL.

2. Las combinarás con otras tablas para realizar consultas complejas.

Vistas como alternativa a la creación de tablas

Una vista no es más que una *query* "memorizada" por la base de datos a la que asignamos un nombre para poder utilizarla como si fuera una tabla cualquiera.

Son muy útiles para reaprovechar sentencias sin tener que reescribirlas por completo cada vez que queramos ejecutarlas.

La sintaxis es:

 **¡IMPORTANTE!**

CREATE VIEW **nombre_vista (columnas)** AS *consulta*

- CREATE VIEW

- **nombre_vista**: nombre que daremos a la vista.

- **(columnas)**: lista de columnas de la misma. Es opcional y en SQLite sólo puede utilizarse a partir de la versión 3.9 de la BBDD. Si no se informa se tomarán los nombres de las columnas devueltas en la consulta que genera la vista.

- AS

- *consulta*: sentencia SQL que la base de datos ejecutará siempre que utilicemos la vista.

Vamos a crear una que devuelva la lista de clientes de la tienda que no están dados de alta en el comercio *on-line*:

```
CREATE VIEW CLIENTES_NO_WEB AS
SELECT NUM_SOCIO, DNI, NOMBRE, APELLIDOS
FROM CLIENTES
WHERE NUM_SOCIO NOT IN
(SELECT NUM_SOCIO FROM CLIENTES_WEB)
```

Probamos a consultarla:

```
SELECT * FROM CLIENTES_NO_WEB
```

0 Rows returned from: SELECT * FROM **CLIENTES_NO_WEB**

No obtenemos registros porque en el capítulo anterior dimos de alta a todos los clientes en la tabla web. Eliminamos a uno de ellos para repetir la prueba:

```
DELETE FROM CLIENTES_WEB WHERE NUM_SOCIO = 1;

COMMIT;

SELECT * FROM CLIENTES_NO_WEB;
```

NUM_SOCIO	DNI	NOMBRE	APELLIDOS
1	78665424D	ROBERTO	SUÁREZ GIL

A la hora de consulta información una vista se comporta a todos los efectos como si fuera una tabla, por lo que puedes utilizarla en combinación con JOIN, UNION, funciones, etc.

Eso sí, recuerda que una vista es una *query* memorizada por lo que no podrás modificar los registros. Prueba a ejecutar lo siguiente:

```
INSERT INTO CLIENTES_NO_WEB (NUM_SOCIO, DNI, NOMBRE, APELLIDOS)
VALUES (9999,'45820967Y','LUIS','CANO GORDILLO')
```

cannot modify CLIENTES_NO_WEB because it is a view: INSERT INTO
CLIENTES_NO_WEB (NUM_SOCIO, DNI, NOMBRE, APELLIDOS)
VALUES (*9999,'45820967Y','LUIS','CANO GORDILLO'*)

Eliminación de vistas

El mecanismo de borrado es muy similar al de una tabla:

 **¡IMPORTANTE!**

DROP VIEW **nombre_vista**

🗨 DROP VIEW

🗨 **nombre_vista**: nombre de la vista a borrar.

Por ejemplo:

DROP VIEW **CLIENTES_NO_WEB**

Capítulo 3.5
Outer Join

En este capítulo:

> *1. Realizarás uniones de datos similares a los de JOIN pero obteniendo no sólo los registros comunes, sino todos los que estén en la tabla maestra.*

Mejorando la unión de tablas

Cuando aprendimos a utilizar la palabra clave JOIN vimos que la base de datos sólo muestra las filas que cumplen la condición de unión.

Por ejemplo, si ejecutamos una consulta para obtener el nombre de cada cliente que haya realizado compras junto con los artículos adquiridos, comprobaremos que en el listado sólo aparecerán los que hayan comprado al menos una vez.

```
SELECT C.NOMBRE, V.PRODUCTO, SUM (V.CANTIDAD) AS CANTIDAD
FROM CLIENTES C
JOIN VENTAS V ON C.NUM_SOCIO = V.NUM_SOCIO
GROUP BY C.NOMBRE, C.APELLIDOS, V.PRODUCTO
```

NOMBRE	PRODUCTO	CANTIDAD
JUAN	MARCO DE FOTOS	2
JUAN	VELA	10
MARÍA	MARCO DE FOTOS	1
MARÍA	TAZA	1
ROBERTO	RELOJ DE PARED	1

Es decir, todos aquellos que no hayan acudido nunca a la tienda se quedan fuera de la lista de resultados.

Si necesitamos obtenerlos a todos, hayan realizado compras o no, podemos utilizar la sentencia LEFT OUTER JOIN cuya sintaxis es:

¡IMPORTANTE!

tabla_maestra LEFT OUTER JOIN **tabla_detalle** ON *condicion*

- **tabla_maestra**: tabla maestra del JOIN, es decir, a la que "pegamos" datos. Se mostrarán siempre todos los registros, independientemente de si hay coincidencia con tabla_detalle o no.

- LEFT OUTER JOIN

- **tabla_detalle**: tabla de la cual obtendremos los datos a añadir a tabla_maestra.

- ON

- *condicion*: condición que deben cumplir dos filas para unirse. Normalmente una igualdad de columnas, es decir, **columna_1** = **columna_2**.

Vamos a comprobar los resultados con este nuevo tipo de JOIN:

```
SELECT C.NOMBRE, V.PRODUCTO, SUM (V.CANTIDAD) AS CANTIDAD
FROM CLIENTES C
LEFT OUTER JOIN VENTAS V ON C.NUM_SOCIO = V.NUM_SOCIO
GROUP BY C.NOMBRE, C.APELLIDOS, V.PRODUCTO
```

NOMBRE	PRODUCTO	CANTIDAD
ANTONIO		
HÉCTOR		
JUAN	MARCO DE FOTOS	2
JUAN	VELA	10
LAURA		
MARÍA	MARCO DE FOTOS	1
MARÍA	TAZA	1
ROBERTO	RELOJ DE PARED	1
ROBERTO		
SILVIA		

Esta vez obtenemos el listado completo de clientes. Los que están en la tabla de ventas aparecen con los artículos comprados y los que no se muestran con valores NULL.

Al igual que el JOIN "normal", podemos completar la sentencia mediante otras palabras clave o funciones como WHERE, GROUP BY, etc.

Por ejemplo, vamos a obtener la lista de clientes que o bien hayan comprado velas o bien no hayan comprado ningún artículo (como hemos visto en la *query* anterior, en estos casos tanto el producto como la cantidad es NULL).

```
SELECT C.NOMBRE, V.PRODUCTO, SUM (V.CANTIDAD) AS CANTIDAD
FROM CLIENTES C
LEFT OUTER JOIN VENTAS V ON C.NUM_SOCIO = V.NUM_SOCIO
WHERE V.PRODUCTO IS NULL
OR V.PRODUCTO = 'VELA'
GROUP BY C.NOMBRE, C.APELLIDOS, V.PRODUCTO
```

NOMBRE	PRODUCTO	CANTIDAD
ANTONIO		
HÉCTOR		
JUAN	VELA	10
LAURA		
ROBERTO		
SILVIA		

Capítulo 3.6
Operaciones con Datetime

En este capítulo:

> *1. Aprenderás a visualizar fechas en distintos formatos.*
>
> *2. Obtendrás el mes, año y día de la semana.*
>
> *3. Sumarás y restarás periodos a una fecha.*

Manipulando fechas

El tipo de dato utilizado para almacenar fechas es un caso particular de SQL. Existe en casi todas las bases de datos pero en cada una de ellas funciona de forma diferente, por lo que para manipularlas tendrás que utilizar palabras clave y funciones propias del producto.

Por ejemplo, en SQLite y en SQL Server el tipo se denomina DATETIME mientras que en Oracle es símplemente DATE.

Para entender su funcionamiento debes tener clara la diferencia entre el valor de un campo DATETIME y el formato utilizado para visualizarlo:

- **Valor** es la fecha almacenada y ésta siempre es "completa", es decir, contiene el año, mes, día, hora, minuto, segundo y fracciones de segundo (en SQLite la precisión es de hasta 1 milésima de segundo)

- **Formato** es como se muestra la fecha. Puede ser sólo el año (2016), una fecha completa en formato numérico (28-03-2016) o cualquier otro que necesitemos.

Hasta ahora siempre que has querido obtener un dato (nombre, número de socio, etc.) te ha bastado con añadir el nombre del campo a la query. En el caso de las fechas, por norma siempre tendrás que especificar el formato (también denominado "máscara") con el que quieres leerla.

DATE, TIME y DATETIME

SQLite cuenta con tres funciones que generan los formatos más habituales: fecha (año-mes-día), tiempo (hora:minuto:segundo) y la unión de las dos.

¡IMPORTANTE!

DATE (fecha) / TIME (fecha) / DATETIME (fecha)

- DATE / TIME / DATETIME
- **fecha**: columna o variable de tipo DATETIME.

Vamos a utilizar los tres formatos con las fechas de nacimiento que tenemos almacenadas en la tabla de clientes:

```
SELECT DATE (FECHA_NAC),
       TIME (FECHA_NAC),
       DATETIME (FECHA_NAC)
FROM CLIENTES
WHERE FECHA_NAC IS NOT NULL
```

DATE(FECHA_NAC)	TIME(FECHA_NAC)	DATETIME(FECHA_NAC)
1978-08-21	00:00:00	1978-08-21 00:00:00
1979-05-03	00:00:00	1979-05-03 00:00:00
1968-06-05	00:00:00	1968-06-05 00:00:00

Cuando en su momento insertamos los datos en la tabla no especificamos hora, por lo que el campo contiene el valor por defecto que es: 00:00:00.

Para comprobar el funcionamiento de las horas vamos a insertar un nuevo registro con la fecha completa en la tabla de ventas.

```
INSERT INTO VENTAS
VALUES (1000,'2016-02-23 12:34:56','VELA',1);

COMMIT;

SELECT DATE (FECHA), TIME (FECHA)
FROM VENTAS
WHERE NUM_SOCIO = 1000;
```

DATE(FECHA)	TIME(FECHA)
2015-01-12	00:00:00
2015-02-14	00:00:00
2015-06-20	00:00:00
2016-02-23	12:34:56

A tener en cuenta:

- Para indicarle a SQLite que un dato es una fecha basta con aplicar el formato "año-mes-día horas:minutos:segundos".

- Podemos utilizar sólo la parte de la fecha o sólo la parte del tiempo.

Fracciones de una fecha

Es habitual que en ciertas situaciones sólo sea necesario obtener una fracción de la fecha como el año o el mes. Para ello SQLite pone a nuestra disposición la función STRFTIME cuya sintaxis es:

 **¡IMPORTANTE!**

STRFTIME (**formato**, **fecha**)

- STRFTIME

- **formato**: cadena de texto con el formato a aplicar. Para especificar fracciones de una fecha debemos utilizar una serie de variables. En la documentación oficial de SQLite (*https://www.sqlite.org/lang_datefunc.html*) puedes ver la lista completa.

- **fecha**: dato de tipo DATETIME.

Las variables de formato más importantes son:

FORMATO	SIGNIFICADO
%H	Hora en formato 24 horas
%M	Minutos
%S	Segundos
%Y	Año
%d	Día del mes (1-31)
%m	Mes (1-12)

Por ejemplo, para obtener el año y el mes de las compras de la tabla de ventas que se hayan hecho cualquier día a las 12 de la mañana podríamos ejecutar la siguiente *query*:

```
SELECT STRFTIME ('%Y-%m', FECHA) AS AÑO_MES
FROM VENTAS
WHERE NUM_SOCIO = 1000
AND STRFTIME ('%H', FECHA) = '12'
```

AÑO_MES
2016-02

Al aplicar el formato SQLite sustituye las variables %Y y %m por las porciones de fecha asociadas mientras que el guion "-" lo mantiene. Esto nos da mucha flexibilidad a la hora de generar valores a partir de las columnas de tipo DATETIME.

 **EJERCICIO**

Genera fechas con los siguientes formatos:

- Día-mes-año.
- Horas:minutos.
- Año minutos día.

La solución sería:

- %d-%m-%Y.
- %H:%M.
- %Y %M %d.

Modificadores

Los modificadores son un tipo de parámetros de las funciones DATE, TIME, DATETIME y STRFTIME que permiten añadir o restar periodos de tiempo (horas, minutos, días, etc.) a una fecha. La sintaxis para utilizarlos es:

 ¡IMPORTANTE!

STRFTIME (**formato**, **fecha**, **modificador_1**, **modificador_n**)

🗨 DATE / TIME / DATETIME / STRFTIME

🗨 **formato**: Cadena de texto con el formato a aplicar. Para especificar fracciones de una fecha debemos utilizar una serie de variables. En la documentación oficial de SQLite (https://www.sqlite.org/lang_datefunc.html) puedes ver la lista completa.

🗨 **fecha**: dato de tipo DATETIME

> ● **modificadores**: podemos especificar todos los que necesitemos separándolos por comas. Normalmente constan de una cifra (el periodo a sumar o restar) y un tipo (día, mes, año). La lista completa puedes consultarla en: *https://www.sqlite.org/lang_datefunc.htm*.

Los más importantes son:

MODIFICADOR	SIGNIFICADO
'x hours'	Suma o resta horas
'x minutes'	Suma o resta minutos
'x seconds'	Suma o resta segundos
'x days'	Suma o resta días
'x months'	Suma o resta meses
'x years'	Suma o resta años

Por ejemplo, imagina que queremos encuestar a nuestros clientes un mes y 12 días después de haber realizado su primera compra. Para calcular el día de encuesta podríamos ejecutar lo siguiente:

```
SELECT NUM_SOCIO,
       MIN (FECHA) AS PRIMERA_COMPRA,
       STRFTIME ('%Y-%m-%d', MIN (FECHA), '+1 months', '+12 days')
    AS FECHA_ENCUESTA
    FROM VENTAS
    GROUP BY NUM_SOCIO
```

NUM_SOCIO	PRIMERA_COMPRA	FECHA_ENCUESTA
1000	2015-01-12	2015-02-24
1001	2015-02-18	2015-03-30
1002	2015-12-10	2016-01-22

Fecha actual

La cadena *'now'* representa la fecha actual. Actúa como si fuera una columna de tipo DATETIME por lo que podemos utilizarla como tal en cualquier contexto. Normalmente se acompaña del modificador *'localtime'* para que al calcularla SQLite tenga en cuenta la zona horaria y los posibles cambios verano / invierno.

Prueba a ejecutar lo siguiente:

SELECT DATETIME (*'now'*, *'localtime'*) AS **FECHA_ACTUAL**

FECHA_ACTUAL
2016-03-30 12:46:10

"Un momento, ¿no hay FROM?" Pues no y no es necesario ya que al igual que muchos otros productos, SQLite nos permite ejecutar querys sin tablas siempre y cuando sólo utilicemos valores fijos como *'now'* o una cadena de texto determinada y funciones sobre ellos.

Es una utilidad muy extendida que nos permite, por ejemplo, realizar operaciones como ésta donde símplemente queremos obtener la fecha actual.

Capítulo 3.7
Proyecto final

Poniendo en práctica lo que hemos aprendido

En primer lugar ¡enhorabuena!, has llegado al final del curso y por lo tanto estás preparado para utilizar SQL en las situaciones más habituales. Y en segundo lugar ¡prepárate! este pequeño proyecto te pondrá a prueba obligándote a utilizar todo lo que has aprendido hasta ahora.

Para ello vamos a construir las sentencias necesarias para gestionar un pequeño blog.

El motivo de elegir este tipo de *software* es que aunque no lo parezca, puede ser un producto sumamente complejo compuesto por multitud de piezas siendo la base de datos una de las más importantes.

Piensa en la página de inicio de un blog cualquiera:

- En la sección principal con toda seguridad aparecerán los posts, compuestos de texto, fotos e imágenes que como puedes imaginar, se han recuperado de una base de datos.

- También es muy habitual que exista una barra de navegación lateral con las entradas más visitadas, comentarios de los usuarios, etc. ¿Dónde está almacenado todo esto? ¡bingo! En la base de datos.

- Y para terminar seguramente también existe una segunda barra lateral con las secciones del blog y que evidentemente, también se almacenan en la misma base de datos.

Entre todas las tareas a realizar se encuentran la de diseñar el esquema de base de datos que lo sustentará y la de preparar todas las sentencias necesarias para crear y consultar los posts, comentarios, etc.

En realidad existen multitud de alternativas para no tener que hacer esto "a mano" pero aun así el ejemplo es perfectamente válido para los objetivos que perseguimos: poner en práctica lo aprendido y vislumbrar las infinitas posibilidades del lenguaje.

EJERCICIO 1: Definir el esquema

Diseñar una base de datos no es un problema trivial ya que tenemos que tener en cuenta numerosos factores: qué información vamos a guardar, cuántos registros tendrán las tablas, qué tipo de consultas vamos a realizar, etc.

En este proyecto queremos crear lo necesario para construir un blog así que como mínimo deberíamos diseñar tablas que almacenen:

- *Autores que puedan crear y modificar entradas.*

- *Posts con el contenido e información relacionada: autor, fecha, etc.*

- *Tags o etiquetas que añadiremos a los pots para clasificarlos.*

- *Comentarios creados por los visitantes del blog para lo que no será necesario registrarse.*

Crea una nueva base de datos en SQLite (los pasos se detallan en el capítulo 1.5) y a continuación escribe las sentencias necesarias para generar las siguientes tablas. El prefijo [PK] indica que la columna forma parte de la Primary Key de la tabla:

Tabla AUTORES.

COLUMNA	TIPO	USO
[PK] NICK_AUTOR	TEXT(30)	Alias del autor.
EMAIL_AUTOR	TEXT(100)	Email registrado del autor.
PASS_AUTOR	TEXT(10)	Password del autor. En las aplicaciones reales se guardan encriptados.
FECHA_ALTA	DATETIME	Fecha en la que se dio de alta.
NOMBRE_AUTOR	TEXT(50)	Nombre del autor.
APELLIDOS_AUTOR	TEXT(200)	Apellidos del autor.

Tabla POSTS.

COLUMNA	TIPO	USO
[PK] COD_POST	INTEGER PRIMARY KEY AUTOINCREMENT	Id único del post. En los ejercicios se explica el significado de "AUTOINCREMENT"
NICK_AUTOR	TEXT(30)	Alias de la persona que creó el post.
FECHA_CREACION	DATETIME	Fecha en la que se creó.
NICK_MOD	TEXT(30)	Alias de la persona que lo modificó por última vez.
FECHA_MOD	DATETIME	Fecha en la que se modificó por última vez.
TXT_POST	TEXT(5000)	Texto del post.

Tabla TAGS.

COLUMNA	TIPO	USO
[PK] TAG	TEXT(30)	Tag almacenado.
NICK_AUTOR	TEXT(30)	Login del autor que utilizó por primera vez el tag.
FECHA_CREACION	DATETIME	Fecha en la que se creó el tag.

Tabla COMENTARIOS.

COLUMNA	TIPO	USO
[PK] COD_COMENTARIO	INTEGER PRIMARY KEY AUTOINCREMENT	Código único del comentario.
COD_POST	INTEGER	Id único del post en el que se hace el comentario.
NICK_USUARIO	TEXT(30)	Nickname del usuario que comenta.
EMAIL_USUARIO	TEXT(30)	Email del usuario que comenta.
FECHA_CREACION	DATETIME	Fecha en la que se creó el comentario.
TXT_COMENTARIO	TEXT(1000)	Texto del comentario.

*Dado que un comentario sólo puede pertenecer a un post, hemos añadido el campo **COD_POST** a la tabla **COMENTARIO**. Por otro lado, a esta última no se le han añadido columnas para registrar modificaciones (usuario y fecha) porque no es posible hacerlo en nuestro blog de ejemplo.*

*Por su parte los registros de la tabla **TAGS** no hacen relación al post al que hacen referencia ya que es normal que las entradas de un post compartan tags. Esto implica que aún nos falta por crear una tabla en el modelo: la que relaciona post con tags:*

Tabla POST_TAG.

COLUMNA	TIPO	USO
[PK] COD_POST	INTEGER	Id único del post.
[PK] TAG	TEXT(30)	Tag que tiene el post
NICK_AUTOR	TEXT(30)	Alias del autor.
FECHA_CREACION	DATETIME	Fecha en la que se añade el tag al post.

Gracias a ésta un mismo post podrá tener varios tags (de ahí que la clave sean las dos columnas) y un tag podrá añadirse a todas las entradas que queramos.

Y con esto damos por finalizado nuestro modelo.

• • • • • • • • • • • • • • • • • •

EJERCICIO 2: Alta de autores

Muy bien, ya tenemos el esqueleto del blog (el esquema de la base de datos), ahora definiremos las sentencias necesarias para gestionarlo. Empezaremos con el proceso de creación de autores.

Para dar de alta un nuevo usuario tendríamos que:

- *Dado que el nick del autor es PK de la tabla, sólo puede darse de alta un usuario con el mismo alias por lo que la primera sentencia a construir debe comprobar si un nick en concreto existe. Para ello calcularemos el número de usuarios dados de alta con ese nombre. Si es 0 significará que no existe.*

- *En segundo lugar insertaremos los datos de registro con INSERT.*

Evidentemente tenemos que construir las sentencias de manera que sean válidas para cualquier dato por lo que utilizaremos lo que se denominan "parámetros" que no son más que valores "comodín" en el sentido de que su valor se sustituirá por un nick, nombre, fecha concreta, etc. en el momento en el que se ejecute la sentencia.

Por convención vamos a utilizar el símbolo ":" para identificarlos.

Por ejemplo, para comprobar si existe un nick en la base de datos:

```
SELECT COUNT (*) FROM AUTORES
WHERE NICK_AUTOR = ':AUTOR'
```

Y para insertar los datos de un nuevo usuario:

```
INSERT INTO AUTORES (NICK_AUTOR, EMAIL_AUTOR, PASS_AUTOR,
FECHA_ALTA, NOMBRE_AUTOR, APELLIDOS_AUTOR)
VALUES (':NICK_AUTOR', ':EMAIL_AUTOR', ':PASS_AUTOR',
':FECHA_ALTA', 'NOMBRE_AUTOR', 'APELLIDOS_AUTOR')
```

● ● ● ● ● ● ● ● ● ● ● ● ● ● ● ● ●

 EJERCICIO 3: Creación de entradas

*A estas alturas no tendrás problemas para definir una sentencia INSERT que cree una nueva entrada del blog. La dificultad de este ejercicio consiste en generar un identificador único (**COD_POST**) para cada uno de ellas.*

Tendríamos dos opciones:

- *Crearlo "a mano", eso es, buscando primero cuál es el último post del blog con una sentencia SELECT MAX y a continuación insertar los datos con el siguiente número como **COD_POST**.*

- *Utilizar un campo "autoincrementado", esto es, una columna cuyo valor se genera automáticamente. Es un mecanismo presente en muchas bases de datos siendo SQLite una de las más sencillas de utilizar ya que basta con declarar un campo INTEGER (sin precisión) como PRIMARY KEY AUTOINCREMENT para que la base de datos lo gestione de forma automática.*

Probémoslo con un ejemplo: ejecuta la siguiente sentencia:

INSERT INTO **POST (NICK_AUTOR, FECHA_CREACION, NICK_MOD, FECHA_MOD, TXT_POST)**
VALUES *('NICK_AUTOR', 'FECHA_CREACION', 'NICK_MOD', 'FECHA_MOD', 'TXT_POST')*

*Y lista ahora los registros de la tabla, comprobarás que la entrada se ha creado con **COD_POST** = 1.*

• • • • • • • • • • • • • • • • •

EJERCICIO 4: Asignación de tags

Para cubrir esta funcionalidad necesitaremos como mínimo tres sentencias:

- *Una query que compruebe si un tag ya existe en la tabla **TAGS**.*

- *SQL de inserción de una nueva etiqueta en esa tabla.*

- *Y finalmente una sentencia que añada un nuevo tag para un post en concreto en la tabla **POST_TAG**.*

• • • • • • • • • • • • • • • • •

EJERCICIO 5: Creación de comentarios

*Escribe una sentencia SQL que añada una nueva fila a la tabla **COMENTARIOS**. Ten en cuenta que al igual que en **POST**, la PK de la tabla es un número entero "autoincrementado".*

• • • • • • • • • • • • • • • • •

EJERCICIO 6: Modificación de posts

Vamos a asumir que todos los autores tienen permiso para editar cualquier post. Para modificar uno tendrás que actualizar los siguientes campos para la entrada en cuestión:

- *NICK_MOD: Nick del usuario que lo está editando.*

- *FECHA_MOD: Momento en el que se modifica. Puedes utilizar la fecha actual.*

- *TXT_POST: Nuevo texto del post.*

• • • • • • • • • • • • • • • • • •

 EJERCICIO 7: Últimos posts

Ya tenemos todo lo necesario para crear contenido en el blog así que el siguiente paso consiste en definir las sentencias necesarias para poder visualizarlo.

La primera será la que obtenga la información de los posts. Normalmente en la portada de cualquier página sólo se ven las primeras 10 o 20 entradas, nunca toda la historia del mismo. En el nuestro mostraremos sólo 5 así que construye un SQL que obtenga las cinco últimas entradas que se hayan creado.

Una pista, te serán útiles las palabras clave ORDER BY y LIMIT.

• • • • • • • • • • • • • • • • • •

 EJERCICIO 8: Lista de tags

Para ayudar a los usuarios a navegar por el contenido del blog, vamos a crear una sección en uno de los laterales que contenga todos los tags ordenados alfabéticamente junto con el número de entradas que hay en cada uno de ellos.

Diseña una consulta que genere ese resultado.

• • • • • • • • • • • • • • • • • •

 EJERCICIO 9: Entradas por autor

Todos los blogs tienen una sección de administración accesible únicamente a autores y al responsable de la web. Vamos a crear una consulta que por cada

autor, muestre el número de posts que ha creado, la fecha en la que dió de alta la primera entrada y la fecha en la que ha publicado el último post.

Para diseñarla ten en cuenta lo siguiente:

- *Existe la posibilidad de que uno o varios autores no hayan dado de alta ninguna entrada pero aun así queremos que aparezcan en la lista, lo que implica que tendrás que hacer uso de OUTER JOIN.*

- *El número de posts y las fechas de primera y última publicación pueden generarse en una misma sentencia GROUP BY con COUNT, MAX y MIN.*

 ## EJERCICIO 10: Entradas por autor

Y para finalizar vamos a desarrollar una funcionalidad muy común en los blogs que es la de mostrar enlaces a entradas relacionadas al final de cada post.

*Esto puedes conseguirlo con una sentencia que busque en **POST_TAG** las, por ejemplo, 3 entradas que tengan alguno de los tags del post que se está visualizando.*

Made in the USA
Monee, IL
02 September 2024

65080208R00070